Les Ascensions en Ballon libre

Guide
de
l'Aéronaute Pilote

PAR

Le Commandant PAUL RENARD

*Ouvrage publié sous les auspices
de L'Aérophile, revue technique de locomotion aérienne*

PARIS

H. DUNOD ET E. PINAT, ÉDITEURS

47 ET 49, QUAI DES GRANDS-AUGUSTINS

1910

Guide

de

l'Aéronaute Pilote

Guide
de
l'Aéronaute Pilote

PAR

Le Commandant PAUL RENARD

*Ouvrage publié sous les auspices
de L'Aérophile, revue technique de locomotion aérienne*

PARIS

H. DUNOD et E. PINAT, ÉDITEURS

47 et 49, QUAI DES GRANDS-AUGUSTINS

1910

GUIDE

DE

L'AÉRONAUTE PILOTE

AVANT-PROPOS

Depuis quelques années le goût des voyages en ballon-libre s'est considérablement développé : les ascensions se sont multipliées, et en même temps les moyennes des performances aéronautiques se sont améliorées. On doit ajouter que malgré l'accroissement du nombre des voyages aériens les accidents ne sont pas devenus plus fréquents, au contraire : jamais on n'est monté en ballon avec autant de sécurité.

Bien que le grand public s'intéresse aujourd'hui surtout aux dirigeables et aux aéroplanes, et que ceux-ci semblent même à bref délai devoir faire regarder les premiers comme des engins déjà démodés, les amateurs d'ascensions libres ne s'inquiètent pas pour si peu, et continuent d'être aussi affectionnés que jamais à ce genre de sport. La chose ne m'étonne nullement, car je connais par expérience le charme des ascensions libres, et je sais qu'à part de rares exceptions tous ceux qui en ont tâté éprouvent le désir de recommencer. Je suis donc persuadé que, malgré les immenses progrès réalisés dans ces derniers temps par la navigation aérienne, et malgré ceux plus grands encore qu'elle réalisera dans l'avenir, le nombre des amateurs d'ascensions libres ira plutôt en croissant qu'en diminuant. Le vieux ballon sphérique sera, d'ailleurs, pour les pilotes de dirigeables et pour les aviateurs une excellente école. On ne le comprend pas assez aujourd'hui, j'espère qu'on le comprendra mieux dans l'avenir ; on ne pourra qu'y gagner au point de vue des progrès de l'aéronautique et de la sécurité des voyages aériens.

C'est pourquoi, il m'a semblé utile de réunir dans une petite brochure quelques conseils à l'usage des pilotes de ballons libres. Avant de les formuler il a paru indispensable de rappeler les principes des mouvements verticaux des aérostats, principes découverts par Meunier en 1784, complètement perdus de vue pendant près d'un siècle, et découverts une deuxième fois vers 1878 par le colonel Renard, qui ignorait, comme tout le monde, les travaux de Meunier; dont il n'a eu connaissance que plus de vingt ans après. Ces principes donnent la clef des phénomènes dont un certain nombre peuvent sembler étranges et dont la connaissance est indispensable pour la conduite des ballons libres.

Je rappellerai ces principes sans en faire la démonstration, et je prierai le lecteur de vouloir bien les admettre de confiance. Celui qui éprouvera le besoin d'en avoir une démonstration mathématique pourra se reporter soit à l'excellent ouvrage du lieutenant-colonel Espitallier « La Technique du ballon » (encyclopédie scientifique du Docteur Toulouse, Octave Doin éditeur), ou à celui que je viens de faire paraître, sous le titre « l'Aéronautique » dans la Bibliothèque de Philosophie Scientifique dirigée par le Dr Le Bon et publiée par la librairie Flammarion.

Je suppose, en outre, que le lecteur connaît le matériel aérostatique et qu'il est inutile de lui définir ce que c'est qu'une soupape, un appendice, une nacelle, etc.

CHAPITRE PREMIER

Mouvements verticaux des aérostats.

Dans ce qui va suivre, on admettra toujours qu'un ballon est muni à sa partie inférieure d'une manche d'appendice ou d'un clapet susceptible de s'ouvrir automatiquement sous l'influence d'un léger excès de pression du gaz par rapport à l'air ambiant. Le ballon complètement fermé est pratiquement irréalisable ; quant au ballon dont l'orifice inférieur ne s'ouvrirait que grâce à l'intervention volontaire de l'aéronaute, je le considère comme aussi dangereux qu'une chaudière dont on aurait supprimé les soupapes de sûreté.

Ceci admis, nous allons énoncer successivement les principes des mouvements verticaux des aérostats. Les numéros dont je fais précéder les énoncés faciliteront les explications ultérieures ; je prie le lecteur d'excuser cette forme peut-être un peu trop pédagogique.

1. — Quand un aérostat plein est en équilibre dans l'atmosphère, et qu'une cause quelconque vient à l'alléger et à provoquer un mouvement ascendant, ce mouvement sera nécessairement arrêté par suite de la diminution de la force ascensionnelle avec l'altitude, si bien que l'aérostat retrouvera, au bout

d'un certain temps, une zone d'équilibre nouvelle à un niveau supérieur à celui de la première.

2. — Pour un ballon déterminé, la hauteur de la nouvelle zone d'équilibre au-dessus de la première dépend uniquement de l'importance de l'allégement qui a rompu le premier équilibre.

3. — Que cet allégement se soit produit brusquement ou successivement, le résultat final est le même, c'est-à-dire que la hauteur de la nouvelle zone d'équilibre n'est pas modifiée. En particulier lorsqu'on jette une quantité de lest déterminée, qu'on la jette en une ou plusieurs fois, on atteindra finalement la même hauteur.

4. — La hauteur de la nouvelle zone d'équilibre au-dessus de la précédente est telle que la *dépression relative est égale au délestage relatif.*

Un exemple numérique fera comprendre le sens de ces expressions. — Supposons un ballon de 1 000 mètres cubes de volume, rempli de gaz hydrogène impur enlevant 1 kilogramme par mètre cube. La force ascensionnelle totale sera de 1 000 kilogrammes. Si on jette 10 kilogrammes de lest, la fraction de lest dépensée représentera 1/100 de la force ascensionnelle totale. C'est à cette fraction que l'on a donné le nom de délestage relatif. Dans ce cas, le délestage relatif sera de 1/100. Ce délestage aura pour effet de faire monter le ballon jusqu'à une hauteur telle que la pression atmosphérique ait diminué de 1/100 de sa valeur primitive. C'est à cette diminution de pression que l'on a donné le nom de dépression relative.

En langage exact, le délestage relatif est une fraction qui a pour numérateur la quantité de lest jetée, et pour dénominateur la force ascensionnelle totale

du gaz du ballon. La dépression relative est une fraction, qui a pour numérateur la diminution de pression atmosphérique, entre la zone d'équilibre du ballon avant la projection de lest et sa zone d'équilibre
après cette projection ; cette fraction a pour dénominateur la pression atmosphérique dans la zone d'équilibre du ballon avant la projection de lest.

5. — Si l'atmosphère avait constamment la même
pression qu'au niveau de la mer, on obtiendrait sa
hauteur totale en divisant la pression exercée sur
1 mètre carré par le poids de 1 mètre cube d'air pris
au niveau de la mer. Le résultat de cette division est
d'environ 8 000, ce qui veut dire que si l'atmosphère
était homogène, c'est-à-dire si elle avait constamment
la même pression, sa hauteur totale serait de
8 000 mètres environ. C'est à cette hauteur qu'on a
donné le nom de *hauteur homogène*.

6. — D'après les numéros 4 et 5, il est facile de
calculer rapidement de tête l'effet que doit produire
une projection de lest déterminée. Dans l'exemple
indiqué au numéro 4 où le délestage relatif est de
1/100, le ballon devra monter jusqu'à une hauteur
telle que l'atmosphère ait perdu 1/100 de sa pression
primitive. Si l'atmosphère était homogène, chaque
mètre de hauteur correspondrait à une perte de
1/8 000 de la valeur de cette pression au niveau de la
mer. 10 mètres correspondraient donc à 1/800 et
80 mètres à 1/100. Dans une atmosphère homogène,
un délestage relatif de 1/100 provoquerait donc une
ascension de 80 mètres ; comme l'atmosphère n'est
pas homogène, mais que sur une si faible hauteur la
différence de pression n'est pas considérable, le résultat ne sera pas sensiblement modifié, et on peut
dire que le ballon en question, sous l'influence d'une

projection de lest de 10 kilogrammes, montera d'un peu plus de 80 mètres.

Il faut donc bien se mettre dans la tête ce chiffre de 8000 mètres, et se dire qu'à 1 mètre de hauteur correspond une diminution de pression de 1/8000, que de plus, il est sensiblement vrai qu'à 10 mètres de hauteur correspond 1/800 et à 100 mètres 1/80 de perte de pression.

7. — La hauteur homogène est la même à toutes les altitudes, c'est-à-dire que lorsqu'on monte de 1 mètre, quelle que soit la hauteur du point de départ, on perd 1/8000 de la pression à ce point de départ.

Si, par exemple, le point de départ est à 5500 mètres, région où la pression est la moitié seulement de celle qui règne au niveau de la mer, entre 5500 et 5501 mètres on perdra moitié moins de pression qu'entre 0 et 1 mètre ; mais, dans l'un et l'autre cas, la perte de pression sera égale à 1/8000 de la pression au point de départ.

8. — Il résulte du numéro 4 que, plus un ballon est petit, plus l'effet d'une projection de lest déterminée est considérable ; plus un ballon est gros plus cet effet est faible.

Supposons, en effet, un ballon de 2000 mètres cubes rempli du même gaz que celui de 1000 ; sa force ascensionnelle sera de 2000 kilogrammes au lieu de 1000. Une projection de lest de 10 kilogrammes correspondra à un délestage relatif de 1/200 au lieu de 1/100 ; elle fera donc monter de 40 mètres au lieu de 80. Si, au contraire, notre ballon n'avait que 500 mètres cubes, 10 kilogrammes de lest représenteraient 1/50 de la force ascensionnelle totale, et le ballon monterait de ce chef d'environ 160 mètres au lieu de 80.

9, — L'effet d'une projection de lest donnée, pour un ballon d'un volume déterminé, est d'autant plus considérable que le ballon est rempli d'un gaz plus lourd. En effet, avec un gaz lourd la force ascensionnelle de 1 mètre cube est moindre qu'avec un gaz léger, et, par suite, une même projection de lest correspond à un délestage relatif plus considérable.

Supposons, par exemple, un ballon de 1 000 mètres rempli de gaz d'éclairage enlevant 0 kg. 700 par mètre cube : sa force ascensionnelle totale sera de 700 kilogrammes. Une projection de 10 kilogrammes de lest correspondra donc à un délestage relatif de 1/70, qui aura pour effet de faire monter le ballon de 8 000/70, c'est-à-dire de 114 mètres environ au lieu de 80, comme dans le cas où le gaz a une force ascensionnelle de 1 kilogramme.

De là résulte cette vérité d'apparence paradoxale, que les ballons gonflés au gaz d'éclairage sont plus sensibles aux projections de lest que les ballons gonflés à l'hydrogène.

10. — Toujours d'après les mêmes principes, une projection de lest déterminée fera monter le ballon d'autant plus que le point de départ sera à une altitude plus élevée.

Considérons toujours notre ballon de 1 000 mètres rempli d'hydrogène impur ayant au niveau du sol une force ascensionnelle de 1 kilogramme par mètre cube. Supposons ce ballon en équilibre à 5 500 mètres de hauteur. La pression atmosphérique étant dans cette région réduite de moitié, la moitié du volume primitif de gaz sera sorti par l'appendice pendant l'ascension. La moitié restante occupe toujours le même volume, mais pèse, naturellement, moitié moins que la quantité totale primitive. Par contre, le volume d'air déplacé par le ballon pèse moitié moins qu'au niveau de la mer. La force ascensionnelle totale, qui est égale à la différence du poids du volume d'air déplacé et du poids du gaz, sera donc, elle aussi, moitié moindre de ce qu'elle était au niveau de la mer ; elle sera par suite de 500 kilogrammes.

Dès lors, une projection de 10 kilogrammes de lest représentera un délestage relatif de 1/50, et provoquera une ascension de 160 mètres environ au lieu de 80.

11. — En résumé, l'effet d'une projection de lest déterminée est d'autant plus considérable que le volume du ballon est plus petit, que le gaz est plus lourd, et que le point de départ est à une altitude plus élevée.

12. — Si un ballon plein est en équilibre à une certaine hauteur, et que, sous l'influence d'une surcharge accidentelle, il vienne à descendre, rien ne viendra automatiquement enrayer ce mouvement ; la chute ne s'arrêtera donc qu'au contact du sol.

13. — D'après les numéros 1 et 12, un aérostat plein est donc en équilibre stable dans le sens de la montée est instable dans le sens de la descente ; c'est ce qu'on exprime en disant que sa stabilité est *unilatérale.*

14. — Lorsqu'un ballon flasque est en équilibre à une certaine hauteur dans l'atmosphère, il est, comme le ballon plein, instable dans le sens de la descente. De plus, dans le sens de la montée il est également instable, c'est-à-dire que si on l'allège d'une certaine quantité il s'élèvera ; en s'élevant son volume augmentera par suite de la raréfaction de l'air ambiant et le ballon finira par être plein. Pendant toute cette période d'ascension et d'augmentation de

volume du ballon, la force ascendante primitive restera constante. A partir du moment où le ballon sera plein, il se trouvera dans le cas du numéro 1 et son mouvement ascensionnel s'arrêtera lorsqu'il aura atteint une nouvelle zone d'équilibre.

Ainsi, pour un ballon flasque, le moindre alourdissement le fera descendre jusqu'à terre et le moindre allègement le fera monter jusqu'à sa zone de plénitude. Son équilibre n'est donc stable ni dans le sens de la montée ni dans celui de la descente : son instabilité est *bilatérale*.

15. — Si l'on connaissait exactement le volume de gaz restant dans un ballon flasque, il serait facile de calculer la hauteur de sa zone de plénitude ; cette hauteur serait telle que la dépression relative soit égale à la vacuité relative au point de départ.

Si, par exemple, un ballon flasque dont le volume est de 1 000 mètres cubes ne renferme que 750 mètres cubes au point de départ, sa vacuité relative est de 250 p. 1 000, soit 1/4. Si l'on provoque un mouvement ascensionnel, il n'atteindra sa plénitude que lorsque la pression atmosphérique aura perdu 1/4 de sa valeur au point de départ, ce qui correspond environ à 2 300 mètres.

16. — L'effet d'une projection de lest déterminée sera donc différent sur un ballon flasque, ou sur un ballon plein. Pour un ballon flasque, il y a d'abord une ascension jusqu'à la zone de plénitude, et la hauteur de cette zone ne dépend que du degré de vacuité du ballon et nullement de la quantité de lest projetée. Une fois arrivé à cette zone, le ballon sera plein, et, en cette qualité obéira aux règles énoncées dans les numéros 4 et suivants. Il montera donc au-dessus de sa zone de plénitude d'une quan-

tité dépendant du délestage relatif en ce point. Ainsi la hauteur de la première partie de l'ascension, pendant laquelle le ballon se gonfle, ne dépend que de la vacuité relative au point de départ ; et la seconde partie, pendant laquelle le ballon est plein, ne dépend que de la quantité de lest jetée.

Supposons, par exemple, un ballon de 1 000 mètres cubes, à moitié vide, rempli d'un gaz ayant 1 kilogramme de force ascensionnelle, et en équilibre au niveau du sol. Si on jette 10 kilogrammes de lest, il commencera par monter jusqu'à ce qu'il soit plein, c'est-à-dire à 5 500 mètres. A partir de ce moment, il montera jusqu'à ce que la pression atmosphérique ait baissé d'une quantité égale au délestage relatif, c'est-à-dire, dans le cas particulier, 10/500 ou 1/50, soit environ à 160 mètres de hauteur. Il montera donc en tout à 5 660 mètres, dont 5 500 à l'état flasque et 160 mètres à l'état plein.

17. — Quelle qu'ait été la quantité de lest projetée, les 5 500 mètres, c'est-à-dire la hauteur de la zone de plénitude, ne changeront pas ; mais le chiffre final de 160 mètres, c'est-à-dire la différence de niveau entre la zone de plénitude et la zone d'équilibre, pourra être augmenté ou diminué.

18. — Lorsqu'un ballon plein a stationné quelque temps en équilibre et qu'il vient à descendre pour une cause quelconque, dès qu'il redescend il devient flasque, et il le deviendra de plus en plus au fur et à mesure qu'il descendra.

19. — Lorsqu'un ballon plein et en équilibre à une certaine hauteur vient à s'alléger par suite d'une projection de lest, ou pour tout autre motif, il monte ainsi qu'on l'a vu au numéro 1 ; mais comme en montant il se trouve dans un air plus raréfié, il se

produit bientôt un excès de pression du gaz intérieur par rapport à l'air ambiant.

Si le ballon était fermé, cet excès deviendrait rapidement tel que le ballon pourrait éclater. Pour éviter cet accident on est obligé de laisser une ouverture à la partie inférieure du ballon. C'est par cette ouverture, nommée appendice, que le gaz s'échappera pendant la montée.

Lorsque le ballon, toujours plein, se trouvera en équilibre à une zone supérieure à la première, il renfermera une moindre quantité de gaz que dans la zone inférieure. S'il est plein, c'est parce que la pression ayant diminué pour le gaz comme pour l'air, un volume moindre suffit à remplir le ballon. Mais dès que le ballon descendra pour une cause quelconque, la quantité de gaz restante sera insuffisante pour le remplir, et il deviendra flasque immédiatement à partir d'une hauteur supérieure à sa zone d'équilibre précédente.

20. — De ce qui a été dit aux numéros 4, 5, 18 et 19, il résulte que plus on a jeté de lest, plus la zone d'équilibre s'élève, et plus augmente la région dans laquelle le ballon est flasque.

Cette région est limitée, en effet, en bas par la surface du sol, et en haut par la zone de plénitude, qui va en s'élevant en même temps qu'augmente la consommation totale de lest depuis le début de l'ascension.

21. — Si l'on part avec un ballon plein, la zone de plénitude primitive est au niveau du sol, représenté par la ligne AB (fig. 1). Au fur et à mesure qu'on jette du lest, elle s'élève, et si la projection de lest était continue, l'élévation progressive de la zone serait représentée par la ligne droite inclinée AC.

La trajectoire décrite par l'aérostat se composerait d'une série d'oscillations plus ou moins amples, limitées, mais toutes comprises dans l'angle BAC.

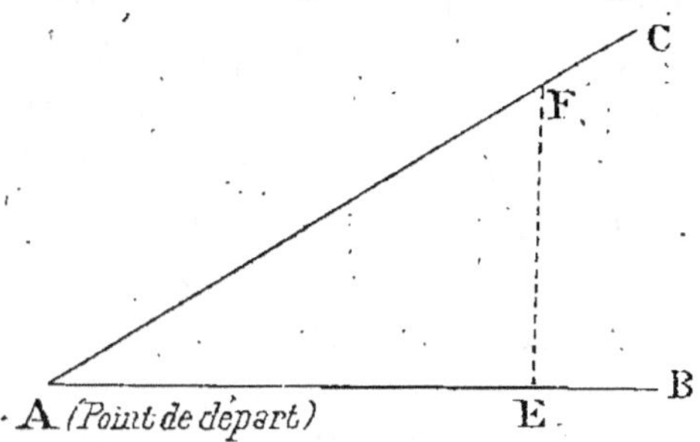

Fig. 1.

On voit qu'au fur et à mesure que l'ascension se prolonge, l'instabilité du ballon flasque devient plus gênante, car les oscillations qu'il décrit prennent une amplitude croissante.

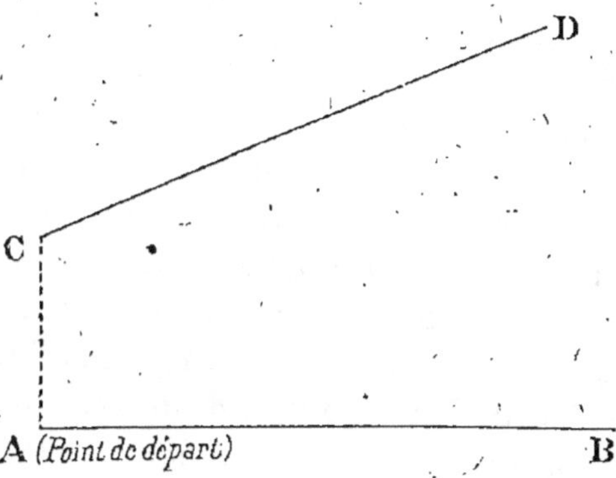

Fig. 2.

22. — Si l'on part avec un ballon flasque, la zone de plénitude au moment du départ se trouve en un point C à une certaine hauteur au-dessus du point de départ A (fig. 2). Cette zone ira, comme tout à l'heure, en s'élevant progressivement, en raison des

projections successives de lest ; on peut la représenter schématiquement par la ligne inclinée CD.

C'est entre les deux lignes droites AB et CD que se trouvera renfermée la trajectoire du ballon. L'instabilité, d'abord nulle lorsqu'on part avec le ballon plein comme dans la figure 1, prend au contraire une valeur importante dès le début, lorsqu'on part avec un ballon flasque comme dans la figure 2.

23. — Tout ce qui précède suppose que la température du gaz est toujours égale à celle de l'air ambiant. Il n'en est pas ainsi en réalité, et sous l'influence du rayonnement solaire, du rayonnement du sol, de l'humidité et de causes diverses, la température du gaz peut être notablement différente de celle de l'air qui l'entoure.

24. — Lorsque le ballon est plein, tout excès de température du gaz sur l'air ambiant a pour effet de relever la zone d'équilibre par rapport à ce qu'elle serait si les températures des deux fluides étaient les mêmes.

25. — Si, au contraire, le gaz du ballon plein est plus froid que l'air ambiant la zone d'équilibre est plus bas que si les températures étaient les mêmes.

26. — Par un effet analogue à celui qu'on a indiqué au numéro 9 à propos des projections de lest, ces effets de la température sont plus importants lorsque le ballon est gonflé d'un gaz lourd que lorsqu'il est gonflé d'un gaz léger. C'est ce qu'on exprime souvent en disant qu'un ballon plein de gaz d'éclairage est plus sensible aux coups de soleil qu'un ballon plein d'hydrogène.

27. — Lorsqu'un ballon flasque tend à monter, cette tendance augmente si la température du gaz est supérieure à celle de l'air, et elle diminue dans le cas contraire.

28. — Lorsqu'un ballon tend à descendre, cette tendance diminue s'il y a excès de température du gaz sur celle du ballon, et augmente dans le cas contraire.

29. — Les effets indiqués aux numéros 27 et 28, c'est-à-dire en ce qui concerne le ballon flasque, car tout ballon qui descend ne peut conserver sa plénitude, — sont indépendants de la nature du gaz qui remplit le ballon ; ils ne dépendent que de la différence de température entre le gaz et l'air.

30. — On sait que dans les circonstances normales la température de l'air va en diminuant au fur et à mesure qu'on monte. D'autre part, quand un ballon stationne à une hauteur donnée, le gaz tend à prendre la même température que l'air ambiant.

Il en résulte que lorsqu'un ballon descend il est généralement rempli d'un gaz plus froid que l'air dans lequel il pénètre. C'est le contraire lorsqu'il monte. Si l'on se reporte aux numéros 24, 25, 27 et 28, on voit que ce fait doit exagérer les tendances à monter et les tendances à descendre, c'est-à-dire, en tout état de cause, augmenter l'instabilité du ballon.

31. — Par contre, on sait que lorsqu'un gaz se comprime il s'échauffe, et que lorsqu'il se dilate il se refroidit. Lorsqu'un ballon descend, son gaz doit donc s'échauffer ; il doit, au contraire, se refroidir lorsqu'il monte.

Cet effet compense celui du n° 30, et en faisant le calcul on voit qu'il y a à peu près compensation, dans les circonstances morales, avec une certaine prépondérance en faveur de la stabilité.

32. — L'effet signalé au n° 31 obéit à une loi mathématique ; on peut donc le calculer d'une manière

rigoureuse. Il n'en est pas de même de la répartition des températures de l'air suivant la verticale signalée au n° 30. Cette répartition peut varier d'un moment à un autre : lorsque la température diminue, quand l'altitude augmente, plus rapidement que dans les circonstances normales, l'effet du n° 30 s'exagère par rapport à celui du n° 31, et l'instabilité augmente ; si, au contraire, la diminution de température, lorsqu'on s'élève, est moins rapide que d'habitude, l'effet du n° 31 devient prépondérant et le ballon a des tendances à devenir moins instable.

Il peut même arriver que le ballon flasque possède une stabilité réelle. Ce qui a lieu notamment lorsque la température est uniforme sur une grande hauteur et surtout lorsque la loi habituelle est renversée, c'est-à-dire lorsqu'au lieu de diminuer quand on s'élève, la température augmente.

Ce sont là des cas exceptionnels sur lesquels il ne faut pas compter ; pour le ballon flasque, l'instabilité est la règle et la stabilité est une exception très rare.

33. — Si on dispose d'un moyen de diminuer le volume d'un ballon qui a perdu du gaz, on peut le transformer en ballon plein ou diminuer sa vacuité.

Supposons, par exemple, un ballon de 1000 mètres cubes, disposé de telle manière que l'aéronaute puisse à volonté en réduire le volume jusqu'à le ramener à 800 mètres. Si ce ballon, après une ascension, revient au niveau du sol ayant perdu 100 mètres cubes de gaz, l'aéronaute pourra réduire le volume de 100 mètres, et au lieu de posséder un ballon de 1000 mètres mais vide au dixième, il possèdera un ballon plein de 900 mètres cubes. Il en sera de même de toute diminution de volume inférieure à 200 m.

Si la perte de gaz atteignait, par exemple,

300 mètres cubes, on pourrait réduire le volume total de 200 mètres, et dans ce cas, au lieu d'avoir un ballon de 1 000 mètres cubes en ayant perdu 300, on disposerait d'un ballon de 800 mètres ayant perdu seulement 100 mètres.

34. — Cette faculté de diminuer le volume maximun d'un ballon permet de diminuer l'instabilité en réduisant la hauteur de la zone de plénitude.

En effet, si nous considérons le ballon du n° 33 arrivant au niveau du sol avec une perte de 100 mètres cubes de gaz, sa vacuité relative est de 1/10, et si, par une projection de lest on le fait remonter, il s'élèvera d'abord jusqu'à sa zone de plénitude, c'est-à-dire à 840 mètres et dépassera cette zone en raison de la quantité de lest projetée. Si, au contraire, avant de jeter du lest on a préalablement réduit le volume à 900 mètres, le ballon sera plein au niveau du sol et ne s'élèvera qu'en raison de la quantité de lest projetée.

Si nous supposons que la perte de gaz dépasse la réduction de volume possible, — qu'on en ait perdu 300 mètres par exemple, — et si nous laissons au ballon ses 1 000 mètres de capacité totale, sa vacuité sera de 3/10 ; si nous jetons 10 kilogrammes de lest, il s'élèvera d'abord jusqu'à sa zone de plénitude, c'est-à-dire jusqu'à ce que la pression atmosphérique soit réduite de 3/10, ce qui a lieu à la hauteur de 2 700 m. environ ; il dépassera ensuite cette zone en raison de la quantité de lest projetée pour atteindre finalement une altitude de 2 820 mètres. Si, au contraire, avant de projeter 10 kilogrammes de lest on réduit le ballon à 800 mètres cubes de volume, sa vacuité relative ne sera plus que de 100 mètres par rapport à 800, c'est-à-dire de 1/8 seulement. La zone de plénitude sera donc atteinte lorsque l'atmosphère aura perdu 1/8 de sa pression au niveau du sol, c'est-à-dire à 1070 mètres. Il la dépassera de 120 m. en raison de la projection de 10 kilogrammes de lest et arrivera finalement à la hauteur de 1190 m.

La figure 3 représente les variations de hauteur de la zone de plénitude, en supposant que, au fur et à mesure des pertes de gaz, on réduise le volume de manière à maintenir constamment le ballon complètement plein, jusqu'à ce qu'on ait atteint la ré-

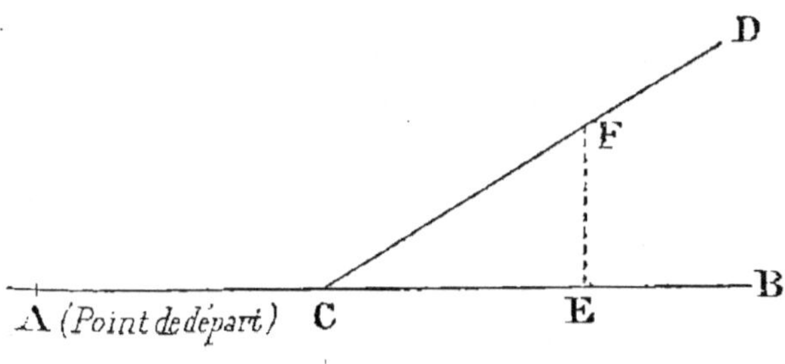

Fig. 3.

duction maximum. Pendant toute cette période, la zone de plénitude se confond avec le niveau du sol, et à partir de ce moment elle s'élève graduellement comme dans le cas d'un ballon ordinaire. Si l'on compare cette figure à la figure 1, on voit qu'à un même moment, tel que EF, la hauteur de la zone d'instabilité du ballon se trouve singulièrement réduite.

Si on suppose qu'au lieu de réduire le volume du ballon de façon à le maintenir constamment plein on procède par à-coup, chaque fois qu'on réduira le volume de manière à ce que le gaz remplisse complètement le volume restant, on ramènera le niveau de la zone de plénitude à la hauteur où l'on se trouvera au moment de l'opération, et on réduira ainsi la hauteur de la zone d'instabilité. C'est ce que représente la figure 4.

35. — Dans la pratique, le moyen adopté pour

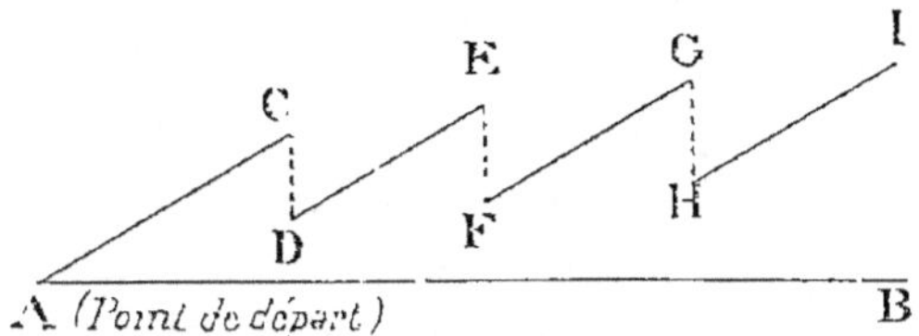

Fig. 4.

limiter le volume maximum d'un ballon consiste à le munir d'un ballonnet dans lequel on introduit de l'air au moyen d'un ventilateur. La figure 5 repré-

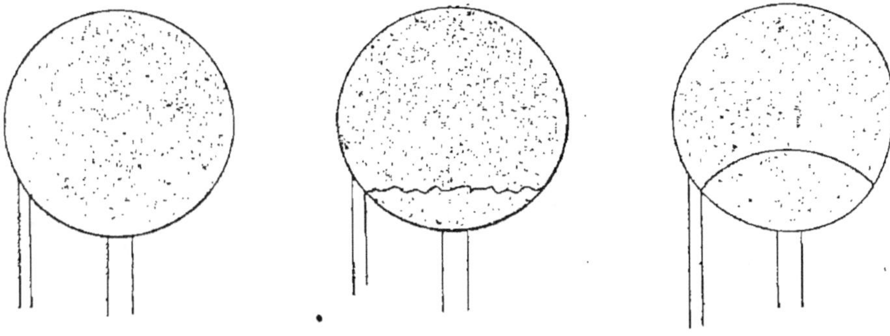

Fig. 5.

sente la disposition généralement adoptée pour le ballonnet et le montre successivement vide, rempli en partie, et complètement rempli.

De tout ce qui précède il faut bien retenir deux choses : pour un ballon plein, la stabilité est unilatérale, c'est-à-dire que tout mouvement, ascendant s'arrête de lui-même et que tout mouvement descendant ne s'arrête que si on le combat par une projection de lest ; pour un ballon flasque, l'instabilité est bilatérale, c'est-à-dire que tout mouvement dans un sens ou dans l'autre se prolongera à moins qu'on ne le combatte par une évacuation de gaz ou une projection de lest ; ce mouvement s'arrêtera soit en haut de la zone de plénitude, soit en bas au contact du sol ; entre ces deux limites le ballon flasque oscillera sous le moindre effort comme une balance folle.

CHAPITRE II

Rôles des voyageurs en ballon libre.

Aéronaute-commandant. — Dans toute ascension libre, il est de toute nécessité qu'un aéronaute exerce à bord le commandement comme dans la navigation maritime ; agir autrement serait s'exposer aux plus graves dangers. L'un des aéronautes doit donc être désigné avant le départ pour cet emploi. On a proposé de lui donner différents titres, tels que Capitaine, Pilote, etc. ; nous adopterons dans ce qui suivra le titre d'aéronaute commandant conformément à une décision du Congrès International d'Aéronautique de 1900.

Je sais que cette décision n'est guère appliquée, et qu'on désigne généralement sous le nom de pilote celui qui est chargé de diriger la manœuvre d'un ballon libre ; je préfère néanmoins donner au nom de pilote une autre signification.

Pilote. — Le pilote est un aéronaute qui en raison de ses capacités a reçu le brevet attestant qu'il est capable de commander à bord d'un ballon libre. Mais il ne s'ensuit pas nécessairement qu'il doive exercer ce commandement à bord de tous les aérostats où il prendra place.

Elève-pilote. — Je désignerai sous le nom d'élèves pilotes les aéronautes qui désirent obtenir le brevet de pilote, et qui auront exécuté au moins une ascension antérieure.

Passagers. — Ce nom sera réservé aux aéronautes qui seront de simples voyageurs ne désirant pas obtenir le brevet de pilotes. Ceux qui exécuteront une première ascension, quelles que soient leurs intentions à ce sujet, seront toujours considérés comme de simples passagers.

Désignation de l'Aéronaute-commandant. — Comme nous l'avons dit plus haut, l'aéronaute commandant doit être désigné avant le départ. S'il n'y a qu'un seul pilote à bord, celui-ci prend le commandement de droit. S'il y en a plusieurs, le commandant doit être choisi soit de préférence par un accord entre les divers pilotes qui prennent part à l'ascension, soit par la personne ou la société qui organise l'ascension et qui peut en être considérée comme responsable. L'important est que l'aéronaute-commandant soit désigné *avant le départ* et que son autorité soit reconnue de tous.

S'il n'y a pas de pilote à bord, le commandement peut être exercé par un élève pilote, et à son défaut, par un simple passager, mais je considère cette pratique comme extrêmement dangereuse, et j'estime qu'il devrait y avoir des dispositions légales l'interdisant sous des peines correctionnelles. Je suis heureux d'ajouter qu'en France ces dispositions légales deviennent de moins en moins nécessaires, l'usage étant à peu près général de ne confier le commandement à bord d'un aérostat libre qu'à des pilotes brevetés.

Rôles des différents voyageurs à bord d'une même nacelle. — Le pilote chargé du commandement prend le titre d'aéronaute commandant. Les autres pilotes ou élèves pilotes se trouvant à bord prennent le titre d'aides; les autres voyageurs ne sont que des passagers.

La répartition des fonctions est très simple : l'aéronaute commandant donne des ordres, et les autres obéissent.

En principe, l'aéronaute commandant se charge de la manœuvre du lest, et répartit les autres fonctions entre les autres voyageurs comme il le juge convenable. Toutefois lorsqu'il se trouve à bord des pilotes ou élèves pilotes, il peut, soit en permanence, soit pendant un certain temps, leur confier le commandement; mais il s'exerce toujours sous sa responsabilité. C'est toujours à lui qu'il appartient, en tout cas, de décider du moment où l'on doit passer d'une phase de l'ascension à une autre comme nous le verrons au paragraphe suivant.

S'il y a à bord des pilotes autres que le Commandant, celui-ci peut évidemment les consulter sur les décisions à prendre; mais l'avis de la majorité des pilotes ne fait pas loi : c'est au commandant à prendre la décision, et c'est à lui qu'incombe la responsabilité. A moins, d'ailleurs, que le commandant ne reconnaisse la compétence de certains de ses aides comme au moins égale à la sienne, il fera mieux de s'abstenir de leur demander leur avis, surtout s'il y a à bord de simples passagers, car il est difficile de s'isoler dans une nacelle de ballon, et la constatation de divergences de vues entre plusieurs pilotes ne peut que produire un très mauvais effet moral sur leurs compagnons de voyage. — Quant aux simples passagers, il est bien évident que le commandant ne doit jamais sous aucun prétexte leur demander leur avis au sujet de la manœuvre ; le premier devoir d'un aéronaute commandant est, en effet, d'inspirer confiance à son équipage, et il n'y parviendra qu'en donnant à tout le monde l'impression qu'il s'occupe constamment de son affaire et qu'il sait prendre une décision, non sans réfléchir, mais sans hésiter, et qu'une fois les décisions prises, il les exécute rigoureusement.

Chef de Mission. — Il peut se faire qu'il y ait à bord un aide ou un passager ayant autorité sur le Commandant. Lorsque, par exemple, Gambetta, membre du Gouvernement de la Défense Nationale, est sorti de Paris en ballon pendant le siège, il occupait une situation officielle supérieure à celle de l'aéronaute chargé de la manœuvre. Sans chercher des cas si exceptionnels, il peut arriver en temps de guerre par exemple, qu'un aéronaute ait à piloter un chef d'un grade plus élevé que le sien : en temps de paix le propriétaire d'un ballon, celui qui fait les frais d'une ascension, peuvent avoir aussi une certaine autorité morale sur l'aéronaute-commandant. Il importe de bien préciser les rôles respectifs de celui-ci et des personnages ayant autorité sur lui et que nous désignerons sous le nom de chefs de mission.

La règle est très simple à établir : elle se résume en ceci : le chef de mission peut donner à l'aéronaute-commandant des ordres généraux, mais il ne doit aucunement intervenir dans leur exécution. Il peut lui dire par exemple : « Je ne veux pas descendre à plus de 100 kilomètres de mon point de départ ; — Je ne veux pas dépasser telle limite, fleuve, frontière, etc. — Je veux descendre avant telle heure ; — Je désire faire une escale. » — L'aéronaute-commandant doit, en principe se conformer à ces ordres, mais il reste seul juge de la façon de les exécuter.

S'il estime que certains ordres du chef de mission peuvent présenter des inconvénients, il doit les lui faire connaître, et lui demander si après avoir été informé de ces conséquences, le chef de mission confirme ses ordres précédents ou les modifie. Dans le cas où l'exécution des ordres donnés présenterait des dangers, l'aéronaute-commandant doit en avertir le chef de mission, et lui demander confirmation par écrit de son ordre, afin de dégager sa responsabilité en cas d'accident. L'ordre écrit devra signaler explicitement les dangers prévus par le commandant, et indiquer que malgré cela le chef de mission a volontairement passé outre.

Ces prescriptions pourront paraître méticuleuses, mais je suis convaincu par expérience de la nécessité d'une autorité absolue à bord ; il est indispensable aussi de bien définir les rapports qui peuvent exister entre chefs de mission et aéronautes commandants.

CHAPITRE III

Phases diverses d'une ascension libre.

Dans une ascension libre classique, on peut distinguer cinq phases successives : le *départ*, la *navigation normale*, la *descente*, le *guide-ropage*, et l'*atterrissage*.

Le départ est la période pendant laquelle on est assez près du sol, pour que la préoccupation principale, sinon unique, soit d'éviter tout contact avec un obstacle quelconque, terrain, arbre, maison, etc. Durant cette période, la manœuvre est réglée non pas d'après l'observation d'instruments quelconques, mais uniquement par l'examen du terrain ; c'est de la navigation au cabotage. Cette période se prolonge tant qu'on n'a pas sous la nacelle un *matelas d'air* d'une hauteur suffisante, et que pour mon compte j'estime devoir être de 300 à 500 mètres.

La navigation normale occupe dans une ascension ordinaire la plus grande partie du temps. C'est la période pendant laquelle le but de l'aéronaute est de prolonger le voyage le plus longtemps possible, sans prendre le contact avec le sol. La durée de cette période est le véritable criterium de l'habileté d'un aéronaute. Elle peut varier dans des proportions considérables.

La descente est, au contraire, une phase d'assez courte durée, pendant laquelle l'aéronaute se propose de descendre jusqu'à ce que l'une des parties de l'aérostat, généralement le guide-rope, prenne contact avec le sol. Le but de l'aéronaute est alors, non pas de prolonger le voyage, mais de modérer la vitesse verticale, de façon à prendre contact avec la terre sans aucun danger, et avec le moins de secousses possible.

Le guide-ropage est la partie du voyage pendant laquelle on laisse traîner sur le sol une longue corde fixée à l'aérostat et nommée « guide-rope ». Dans ces conditions, la nacelle se trouve à une distance du sol inférieure à la longueur du guide-rope, et l'aéronaute doit manœuvrer de manière à éviter les chocs de la nacelle contre le sol ou les différents obstacles qu'elle peut rencontrer sur sa route. La durée de la marche au guide-rope peut-être plus ou moins considérable, suivant les circonstances et suivant l'habileté de l'aéronaute.

Enfin l'atterrissage est la période finale de l'ascension, au bout de laquelle l'aérostat est arrêté dans son mouvement horizontal, et la nacelle elle-même ramenée au contact du sol.

Parmi ces cinq périodes, les trois de rang impair : le départ, la descente, et l'atterrissage sont de durées relativement courtes et à peu près les mêmes pour toutes les ascensions. Les périodes de rang pair, navigation normale et guide-ropage, ont au contraire des durées variables, qu'en général on cherche à prolonger le plus possible.

Nous donnons le nom d'ascension classique à celle dans laquelle les cinq périodes se succèdent dans l'ordre indiqué. Cet ordre n'est pas toujours observé, et les différentes phases peuvent se succéder d'une manière quelconque. Il est évident que la première sera toujours le départ et la dernière l'atterrissage, mais les trois autres peuvent permuter entre elles, et peuvent même se renouveler plusieurs fois : on peut, par exemple, avoir plusieurs périodes de navigation normale ou de marche au guide-rope, séparées par plusieurs descentes et par plusieurs remontées. On peut avoir d'excellentes raisons pour s'écarter de la forme classique des ascensions ; néanmoins ce ne doit être que d'une façon exceptionnelle, et la règle générale est que les cinq périodes se succèdent dans l'ordre indiqué plus haut.

Ce qu'il faut bien retenir, c'est qu'à chaque phase correspond une manœuvre différente, et qu'un aéronaute doit toujours savoir dans quelle période il se trouve, et manœuvrer en conséquence. C'est d'ailleurs, à lui qu'il appartient de décider son passage d'une phase à une autre ; mais, une fois cette décision prise, il doit manœuvrer suivant les règles correspondant à la phase choisie. C'est ainsi que s'il a l'intention de faire de la navigation normale, et que, malgré cela, il vienne à descendre jusqu'à terre, l'aéronaute doit se considérer comme un maladroit, et être très mécontent de sa manœuvre et de lui-même. Au cours d'une ascension, l'habileté de l'aéronaute consiste à prendre de temps en temps des décisions pour le passage d'une phase à une autre, et d'autre part, à exécuter dans chaque phase les manœuvres nécessaires. Les décisions de cette nature doivent être prises en connaissance de cause, et non par simple caprice ; très souvent, elles doivent être instantanées, sous peine de compromettre la durée de l'ascension et parfois la sécurité des passagers. Une fois prises, elles doivent être exécutées sans hésitation, c'est-à-dire qu'on ne doit jamais manœuvrer autrement que ne le comporte la phase dans laquelle on a décidé d'entrer.

Nous allons maintenant donner le détail des règles de manœuvre spéciales à chacune des cinq phases.

CHAPITRE IV

Départ.

Prescription générale. — Il est absolument interdit de fumer ou de faire du feu aux abords d'un ballon gonflé et à plus forte raison dans la nacelle. Cette prescription s'applique à toutes les phases de l'ascension, et doit rester en vigueur tant que le ballon n'est pas complètement dégonflé.

Opérations préliminaires. — Avant de partir en ascension libre, l'aéronaute-commandant doit procéder à un certain nombre d'opérations préliminaires.

Il faut en premier lieu, qu'il se rende compte *par lui-même* de la disposition des organes de manœuvre. Son attention doit se porter d'une façon particulière sur les points suivants :

Les cordes de manœuvre de la soupape ou de la déchirure doivent être disposées de manière qu'il soit impossible de les tendre sans en avoir l'intention ; mais, d'autre part, on doit veiller à ce que dans aucun cas les cordages en question ne soient emmenés par le vent, ou à la suite d'un incident quelconque, hors de la portée de l'aéronaute. Ce ne sont pas là des précautions théoriques ; on a vu des traînages qui se sont prolongés indéfiniment parce que

les extrémités inférieures des cordes de manœuvre
des soupapes, poussées par le vent, se trouvaient à
une dizaine de mètres de la main du pilote. Il faut
donc attacher solidement l'extrémité de ces cordages à un point de la suspension ; mais on doit
avoir la précaution de laisser beaucoup de mou entre

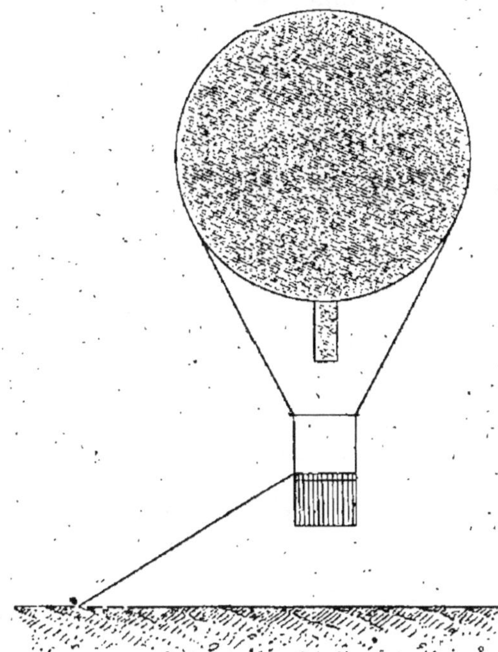

Fig. 6.

ce point d'attache et le ballon, de manière que cette
partie du cordage soit toujours lâche, et ne puisse
être tendue que si l'on tire dessus. De plus, il est
bon d'éviter que cette partie molle flotte trop librement, car pendant les mouvements de l'aérostat qui
précèdent l'atterrissage, elle pourrait se prendre dans
les cordages ou autour du corps des passagers, et se
trouver tendue malgré les aéronautes ; à cet effet on

peut, soit placer la partie flottante dans des petits sacs, soit en constituer des paquets reliés par des fils fins et faciles à rompre.

Après les organes de manœuvre de la soupape, il faut se préoccuper de l'emplacement des organes d'arrêt et d'équilibrage, tels que le guide-rope ou le

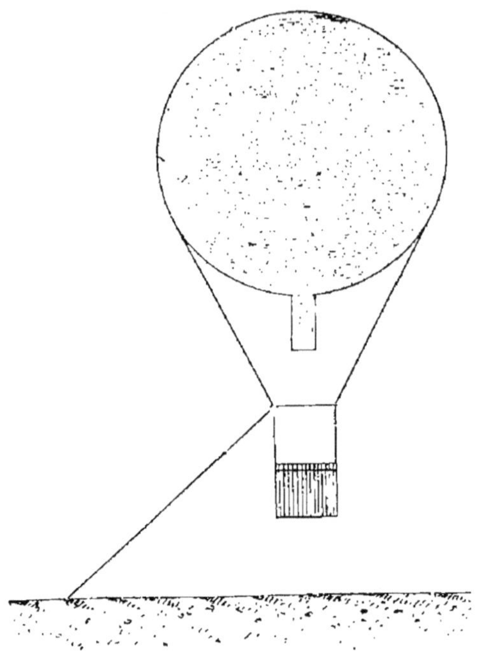

Fig. 7.

serpent. Les extrémités supérieures de tous ces cordages, cordes d'ancre, guide-rope, serpent, etc., dont les extrémités inférieures peuvent à un moment donné frotter contre le sol, doivent être toujours attachées en un point de la suspension situé au-dessus de la nacelle, et jamais à la nacelle elle-même. Les figures 6 et 7 permettent de se rendre compte de cette nécessité. La figure 6 représente un de ces cordages attaché directement à la nacelle. Si ce cordage est arrêté brusquement, en vertu de la vitesse acquise, les aéronautes seront projetés hors de la nacelle. Si, au contraire, l'attache est faite comme le représente la figure 7, l'effet d'un arrêt brusque est de projeter la nacelle en avant avec tout son contenu, à la manière d'un pendule ; pendant ce mouvement, les aéronautes et tout ce qui est dans la nacelle pèsent plus fortement contre le plancher de la nacelle, en vertu de la force centrifuge ; ils ne courent, en tout cas, aucun risque d'être projetés au dehors.

Cette condition étant remplie, les différents cordages doivent être roulés en pelote et maintenus contre la nacelle par des ligatures en cordeau.

Outre la corde d'ancre et le guide-rope, qui sont indispensables, je suis très partisan de l'emploi du serpent dont nous parlerons à propos du guide-ropage. C'est aussi une excellente chose de placer les bâches, qui serviront à emballer le matériel au retour, dans un sac ou un filet pendu à une corde d'une dizaine de mètres, dont l'extrémité supérieure est amarrée au-dessus de la nacelle, et constitue un amortisseur très efficace sans aucun frais supplémentaire de poids. L'emploi d'une corde de secours est également à recommander.

Cela fait donc un minimum de 2 cordages et un maximum de 5 que l'on a à attacher au-dessus de la nacelle, au cercle de suspension de préférence.

L'Aéronaute-commandant doit prendre une connaissance parfaite de l'emplacement de tous ces cordages et des ligatures qu'il faudra couper pour les larguer, de manière que, le moment venu, il n'ait pas une seconde d'hésitation.

Comme les manœuvres d'atterrissage se feront,

ainsi que nous le verrons plus loin, le ballon étant orienté, c'est-à-dire l'avant étant tourné à l'opposé du point d'amarrage du guide-rope, l'aéronaute-commandant devra se placer avant le départ de façon à regarder l'avant de la nacelle, et c'est dans cette position qu'il devra se rendre compte exactement de l'emplacement de tous ses engins de manœuvres supérieures ou inférieures.

On peut taxer de minuties toutes ces précautions ; une longue expérience m'a appris que sur 5 ascensions se terminant par des atterrissages désagréables, il y en avait au moins 4 dans lesquelles tout incident aurait été évité si le pilote [1] avait eu parfaitement présent à l'esprit l'emplacement de ses engins de manœuvre.

Les différents cordages qui peuvent être éventuellement en contact avec le sol, doivent être roulés en des pelotes dont l'extrémité supérieure se déroule intérieurement. L'extrémité inférieure étant au dehors de la pelote et devant se dérouler la dernière, le poids porté par le point d'attache supérieur s'augmente progressivement pendant le déroulement et on évite ainsi des chocs brusques lorsque le cordage est complètement déroulé ; ces chocs sont même complètement supprimés pour le guide-rope et la corde de secours ; ils existent pour l'ancre, le serpent, et le sac à bâche, mais la force d'inertie n'est

---

1. J'emploierai parfois pour abréger le discours l'expression de pilote au lieu de celle d'aéronaute-commandant. S'il n'y a qu'un seul pilote à bord, ces deux expressions désignent une seule et même personne. Dans le cas contraire, l'expression de pilote désignera soit l'aéronaute-commandant lui-même, soit un pilote délégué par lui pour l'exécution de la manœuvre ; mais il doit bien être entendu que seul l'aéronaute-commandant conserve toute l'autorité et toute la responsabilité.

due qu'au poids de ces engins, sans qu'on ait à y ajouter le poids de leurs cordages.

La corde d'ancre, le guide-rope, le serpent, et le sac à bâche doivent être amarrés au même point du cercle de suspension ou dans la même région, de manière que l'orientation de la nacelle ne soit pas modifiée quand ces différents cordages sont arrêtés et que celle-ci penche librement en avant, comme le montrent les figures 6, 7 et 8.

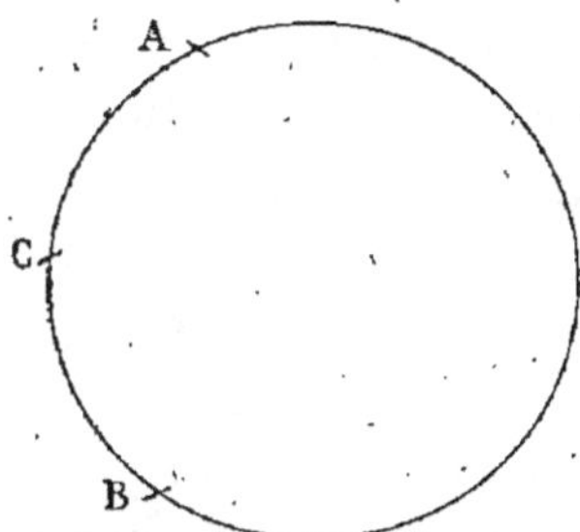

Fig. 8. — ABC. Partie du cercle de suspension où doivent être fixées toutes les cordes pendant vers le sol.

Le pilote doit, en outre, s'occuper des instruments du bord. Nous ne parlerons pas des thermomètres, hygromètres, etc. les instruments de ce genre sont utiles pour les observations scientifiques si l'on en a à faire, mais ne sont pas indispensables à la conduite du ballon. Je conseillerai néanmoins de prendre un thermomètre-fronde pour se rendre compte des températures et permettre d'établir un diagramme d'ascension plus exact en corrigeant les lectures du baromètre d'après la température observée. Mais l'instrument indispensable est le baromètre.

On peut le compléter par un statoscope dont l'emploi est extrêmement commode pour la manœuvre du lest. Ce statoscope doit être suspendu aux cordages au-dessus de la tête des aéronautes. C'est, du reste, la place des différents enregistreurs qu'on pourrait emporter.

Quant au baromètre je le considère comme tellement précieux, que j'estime que chaque aéronaute, qu'il soit pilote, aide ou passager, doit avoir sur lui un baromètre anéroïde, et, de crainte d'en être privé, on fera bien de l'attacher au cou ou à une partie du vêtement par une forte ficelle.

Un autre instrument dont chaque aéronaute doit être muni est un couteau de poche, qui sera, comme le baromètre, attaché au corps par une ficelle solide. On essaiera ce couteau avant le départ; l'essai pratique consiste à pouvoir couper rapidement en une ou deux secondes au maximum, une corde de deux centimètres de diamètre environ.

Il faut ensuite placer dans la nacelle les objets que l'on veut emporter pour le voyage, notamment les cartes et les vivres.

Pour les cartes, on peut employer des cartes à petite échelle (1/500 000, 1/360 000, 1/200 000) ou des cartes à grande échelle (1/100 000, 1/80 000). La différence caractéristique entre ces deux types de cartes, c'est que dans les unes les villes ou villages, à moins d'être très importants, sont indiqués par des signes conventionnels, généralement circulaires, n'ayant aucun rapport avec le plan de la localité, tandis que dans les autres les maisons, ou au moins les pâtés de maisons, sont représentés par leurs formes réelles. De plus, les cartes à petite échelle ne donnent généralement que les localités importantes et, au plus, les chefs lieux de commune, sans qu'il y soit fait mention des hameaux ou des fermes isolées. Les cartes à grande échelle, au contraire, portent toutes les habitations disséminées ou agglomérées. Les cartes à petite échelle sont généralement suffisantes pour la navigation normale ; elles sont mêmes plus commodes puisque l'on peut embrasser simultanément une grande surface de terrain, analogue comme étendue à celle qu'on a sous les yeux quand on est à grande hauteur. Quand on est dans le voisinage de la terre, au contraire, et particulièrement lorsqu'on fait du guide-ropage, les cartes à grande échelle sont beaucoup plus commodes ; elles ont malheureusement l'inconvénient d'être d'un volume et d'un poids assez encombrants.

Dans la pratique. je conseillerais d'avoir toujours une carte à petite échelle, et, si on le peut, d'emporter une collection de cartes à grande échelle de la région que l'on doit parcourir ; mais si l'on doit sacrifier l'une des deux, c'est évidemment la grande échelle qu'il faut laisser de côté.

Les cartes sont généralement décomposées en feuilles rectangulaires. Pour le choix des feuilles à emporter, il faut être extrêmement large. On a vu fréquemment des aéronautes, après avoir lancé un ballon pilote et reconnu ainsi la direction du vent, emporter les feuilles traversées par la ligne droite correspondante et, au plus, les feuilles immédiatement voisines. Au cours de l'ascension, ils ont dévié de leur route et se sont trouvés au-dessus de pays dont ils ne possédaient pas la carte. Pour éviter cet inconvénient, une longue expérience m'a fait adopter la règle suivante : étant donné la direction présumée de l'ascension, estimée d'après une girouette ou un ballon pilote, prendre à droite et à gauche un angle de 90° et emporter toutes les feuilles comprises dans cette région, c'est-à-dire un demi tour d'horizon à partir du point de départ.

Dans la pratique, on est limité en ce qui concerne le nombre de cartes à emporter, par la collection qu'on possède ou par la longueur maximum qu'on suppose parcourir. Comme l'ascension peut éventuellement se prolonger au delà de ces limites, il est très important d'emporter une carte à très petite échelle, $1/1\,000\,000^0$ ou $1/2\,000\,000^0$. qui pourra rendre de grands services en cas de longue ascension, ou, si par impossible, on sortait de la zone largement calculée des cartes à plus grande échelle.

Dans le même ordre d'idées, on fera bien d'emporter un indicateur des Chemins de fer, édition récente ; outre les services que ce document rendra pour le retour, les cartes qu'il contient peuvent être utiles en cours de route, car les autres cartes dont on dispose peuvent ne pas être absolument au courant, et ne pas indiquer des chemins de fer de création récente, qui figurent tous sur l'indicateur. Il m'est arrivé une fois d'être complètement désorienté par la vue sous ma nacelle d'une ligne de chemin de fer qui ne figurait pas sur ma carte ; grâce à un indicateur j'ai pu reconnaître une ligne nouvelle, et être absolument sûr de ma position.

Les vivres sont nécessaires si l'ascension doit se prolonger. En général on devra se contenter de repas froids, et si l'on tient absolument à faire chauffer des liquides, il faudra prendre des précautions minutieuses pour éviter tout danger d'incendie. Les marmites norvégiennes peuvent rendre de grands services dans ce but.

On doit aussi avoir soin de ne pas manquer de liquide, et en particulier d'eau. J'estime que pour une ascension d'une dizaine d'heures on doit emporter autant de bouteilles ou de litres qu'il y a d'aéronautes. Quant à la composition de cette provision de liquide, une moitié doit être formée d'eau pure, et l'autre moitié de vin rouge ou blanc suivant le goût des voyageurs. On peut — et avantageusement — ajouter une bouteille de café, ou la substituer à une bouteille de vin.

Il est tout à fait inutile, sinon nuisible, d'emporter du champagne ou des vins fortement alcooliques. Quant aux eaux-de-vie sous toutes leurs formes, elles doivent être rigoureusement proscrites, à moins qu'on en emporte une petite quantité à titre de cordial en cas d'ascension particulièrement longue ou pénible. Je sais qu'un grand nombre d'aéronautes ne partagent pas ma manière de voir à ce sujet ; c'est une raison de plus pour que je l'exprime avec plus d'énergie. J'ai toujours proscrit l'alcool en ballon dans toutes les ascensions auxquelles j'ai pris part ou au départ desquelles j'ai présidé, et je m'en suis toujours bien trouvé. Il est indispensable, et spécialement au pilote, de garder complètement son sang-froid ; or, il est un fait incontestable, c'est que lorsqu'on se trouve en ballon libre, en l'absence de tout courant d'air, et exposé aux rayons d'un soleil implacable, il suffit d'une très petite quantité de liqueur forte pour apporter une gêne, et parfois pour troubler les idées d'une façon qui pourrait devenir fatale.

Pesage. — Pendant toutes les opérations qui précèdent, nous supposions la nacelle retenue au sol par des sacs de lest d'un poids surabondant, le ballon étant debout, c'est-à-dire le filet et la suspension ne portant aucun sac de lest, et la force ascensionnelle exerçant sa traction sur les suspentes et finalement sur les câbillots d'attache de la nacelle.

Il ne reste plus qu'à y introduire les aéronautes, et à conserver la quantité de lest nécessaire pour que le ballon soit strictement équilibré. C'est cette dernière partie de l'opération qui est connue sous le nom de pesage. Lorsqu'on dispose d'un hangar ou d'un abri efficace contre le vent, le pesage peut être fait avec une grande approximation ; lorsqu'on est obligé d'opérer sans abri, l'approximation est d'autant plus faible que le vent est plus fort et plus irrégulier ; on doit, néanmoins, dans tous les cas, s'efforcer d'obtenir un équilibrage aussi parfait que possible.

Cette opération faite, il faut procéder à l'inventaire du lest disponible. Afin de faciliter son évaluation, on recommande de n'emporter que des sacs bien tarés, de préférence de 5, de 10 ou de 15 kilogrammes. Pendant que l'on compte les sacs de lest à emporter, la nacelle est maintenue au contact du sol soit par des hommes, soit au moyen de sacs de lest supplémentaires ; ces derniers sacs doivent être d'une forme différente, ou bien placés à une distance assez grande de ceux qu'on emporte, de manière qu'il n'y ait aucune confusion possible.

Inscriptions au livre de bord. — Avant le départ, dans toute ascension bien conduite, on doit se munir d'un livre de bord. Sur la première page de celui-ci, une place doit être réservée pour les indications à faire avant le départ. Ces indications sont les suivantes : nom du ballon, son volume, gaz dont il est gonflé, noms des aéronautes en distinguant l'aéronaute-commandant, les aides, et les simples passagers, lieu du départ, heure du départ, cette dernière n'est inscrite qu'immédiatement après que la nacelle a quitté le sol; quantité de lest emporté, et enfin indications données par le baromètre au moment du départ, et aussi, s'il y a lieu, par le thermomètre.

En ce qui concerne le baromètre, la plupart de ceux dont on fait usage dans les ascensions sont des baromètres anéroïdes dont l'aiguille rencontre les divisions de deux cadrans concentriques; l'un des cadrans, généralement le cadran intérieur, est fixe et gradué en millimètres de mercure; l'aiguille indique donc quelle est, d'après ce baromètre, la pression atmosphérique au point considéré. La plupart du temps, tous ces baromètres sont inexacts, et, en général, ils sont pourvus d'un mécanisme permettant de les régler au moyen d'une clef. Si l'on dispose, au lieu du départ, d'un bon baromètre à mercure, on peut régler chacun des baromètres anéroïdes emportés, en manœuvrant la clef de manière que l'aiguille indique la même pression que le baromètre fixe; mais il faut bien se garder de faire cette opération, et admettre qu'en principe on doit toucher le moins possible à ces instruments délicats. Ce qu'il faut faire, c'est de noter au moment du départ l'indication de chacun des baromètres anéroïdes, et celle du baromètre à mercure s'il y a lieu. Comme nous avons supposé que tous les aéronautes, ou au moins une partie d'entre eux, emportent chacun son baromètre, afin d'éviter toute confusion on fera les inscriptions sur le livre de bord de la manière suivante : Baromètre à mercure (s'il y a lieu) : 762 millimètre; Baromètre porté par M. A. : 757; Baromètre porté par M. B. : 768; Baromètre porté par M. C. : 765. Si, comme nous l'avons conseillé, chaque aéronaute porte son baromètre attaché à sa personne par un cordon quelconque, il sera impossible de faire aucune erreur sur la désignation de tel ou tel instrument.

Le deuxième cadran que porte ordinairement un baromètre anéroïde est gradué en altitudes. Si la pression barométrique restait toujours constante dans un lieu donné, la graduation en altitudes pourrait être fixe comme celle en millimètres de mercure, et convenir pour toutes les circonstances. Mais, la pression varie en raison des phénomènes météorologiques ; si donc la graduation en altitude a son o correspond à la pression normale de 760 millimètres de mercure, lorsque la pression baissera, l'altitude semblera augmenter, et l'aiguille marquera par exemple 100 mètres lorsque la pression sera de 750 millimètres, bien qu'en réalité on soit toujours au niveau de la mer ; le contraire arrivera si la pression monte au-dessus de la normale. On peut évidemment corriger ces erreurs par un calcul, mais pour éviter cette nécessité, on a, dans la plupart des baromètres altimétriques, rendu le cadran des altitudes mobile autour du centre de l'instrument. On peut donc, au moment où l'on part en ascension, tourner le cadran extérieur de manière que l'aiguille indique une altitude égale à celle du point de départ ; si l'on se trouve, par exemple, à 150 mètres au-dessus du niveau de la mer, on fera tourner le cadran extérieur jusqu'à ce que l'aiguille soit placée en face de 150 mètres ; cette opération faite, pendant tout le cours de l'ascension l'aiguille indiquera sur le cadran extérieur les altitudes nouvelles ; ces altitudes ne sont qu'approximatives, mais cette approximation est parfaitement suffisante pour les besoins des aéronautes.

Toutefois, il est nécessaire de prendre une précaution, c'est de noter sur la première page du livre de bord l'altitude à laquelle on a réglé le baromètre anéroïde, c'est-à-dire la division qu'on a placée en face de l'aiguille au moment du départ. Le cadran des altitudes est, en effet, mobile à frottement assez dur autour du cadran intérieur des pressions, mais il peut arriver que par suite d'un choc ou d'une maladresse quelconque, ce cadran se déplace en cours d'ascension. Il donnerait, alors une altitude fausse d'une quantité plus ou moins considérable, et si, comme nous le verrons plus loin, l'aéronaute règle ses opérations sur les indications du baromètre, il pourrait en résulter des fausses manœuvres qui à leur tour engendreraient des inconvénients plus ou moins graves, et parfois même des dangers réels. Il est impossible d'éviter absolument ces déplacements accidentels du cadran extérieur, mais on les discernera facilement si l'on a eu soin de noter son altitude et sa pression au point de départ. Si, par exemple, on a réglé à l'altitude de 150 mètres un baromètre dont l'aiguille marquait au moment du départ 758 millimètres sur le cadran des pressions, cela veut dire que, pendant toute l'ascension, la graduation 150 du cadran extérieur devra être en face de la graduation 758 du cadran intérieur. Il faudra vérifier de temps en temps cette coïncidence, et déplacer, s'il y a lieu, le cadran extérieur pour la rétablir.

Ainsi que nous l'avons vu, il est utile d'emporter un thermomètre en ascension. L'instrument le plus recommandable, lorsqu'on n'a pas à faire d'observations d'une nature spéciale, est un thermomètre à mercure, gradué sur verre, et muni à son extrémité supérieure d'un petit anneau dans lequel passe un cordonnet de soie ; le tout est ordinairement enfermé dans un étui métallique. Pour observer une température, on sort l'instrument de son étui, et l'on enroule autour du doigt l'extrémité du cordonnet. Puis on fait tourner rapidement, pendant quelques secondes, l'instrument à la manière d'une fronde. Il faut avoir soin, pendant ce mouvement, d'étendre le bras à une certaine distance en dehors de la nacelle afin d'éviter de heurter le thermomètre contre les cordages de la suspension ou les autres agrés. Cette recommandation peut paraître enfantine, mais comme j'ai sur la conscience la rupture de plusieurs de ces thermomètres dans ces conditions, et que je ne suis pas le seul, je crois bien faire de la formuler. Lorsqu'on arrête le mouvement de rotation, on observe la température, puis on recommence à faire tourner l'instrument et on l'observe de nouveau. On continue ainsi jusqu'à ce que deux observations consécutives aient donné les mêmes résultats avec l'approximation que l'on désire atteindre. On peut considérer la dernière température lue dans ces conditions comme étant celle de l'air ambiant. L'expérience prouve qu'en agissant ainsi, le rayonnement solaire reste à peu près sans influence : on a sensiblement les mêmes indications du côté de la nacelle exposé au soleil et du côté exposé à l'ombre. En tout cas il faut bien se garder de prendre la température de l'intérieur de la nacelle où l'atmosphère est échauffée par la présence des aéronautes. — On inscrit au livre de bord les températures observées au point de départ.

Choix du point de départ. — Une fois le ballon abandonné à lui-même, il sera animé d'un double mouvement : mouvement d'ascension verticale dû à sa force ascensionnelle, mouvement de translation horizontale dû au vent. La trajectoire sera donc une résultante de ces deux déplacements et aura, par conséquent, une direction inclinée. Sur le déplacement horizontal, l'aéronaute est sans action : il peut, au contraire, accélérer plus ou moins le déplacement vertical en augmentant la force ascensionnelle. Mais ainsi que nous le verrons dans ce qui va suivre, le grand souci de l'aéronaute consiste à éviter autant que possible les dépenses de lest. Ce serait un mauvais début que de sacrifier avant le départ un poids de lest exagéré pour augmenter sa vitesse verticale et relever l'inclinaison de sa trajectoire. Toutefois il est indispensable que cette trajectoire soit assez élevée pour que l'aérostat évite de se heurter aux obstacles qui peuvent se trouver dans le voisinage : arbres, maisons, collines, etc. Pour s'assurer le moyen de partir suivant une trajectoire aussi rapprochée que possible de l'horizontale, il faut choisir son point de départ de telle sorte que dans le terrain dont on dispose il y ait la plus grande distance possible entre le point de départ et les premiers obstacles à éviter qui se trouveront sous le vent. Si le terrain est entouré de tous côtés d'obstacles de même hauteur, il faudra évidemment s'y placer le plus près de sa limite du côté d'où vient le vent ; ce cas ne se présente généralement pas et il faut tenir compte des hauteurs différentes des obstacles à craindre. Quoi qu'il en soit, on est conduit, dans la pratique, à se placer vers les limites du terrain du côté d'où vient le vent, et à un point tel que dans la direction où sera porté l'aérostat, on rencontre des obstacles dont la hauteur apparente sera la plus faible ; c'est ce qu'indique la figure 9. Il faut, cependant, éviter de se coller complètement à l'ex-

trémité du terrain disponible, car il peut se produire
au moment du départ des remous de peu d'importance et de durée, mais pendant lesquels la direction
du vent peut changer, momentanément et porter le

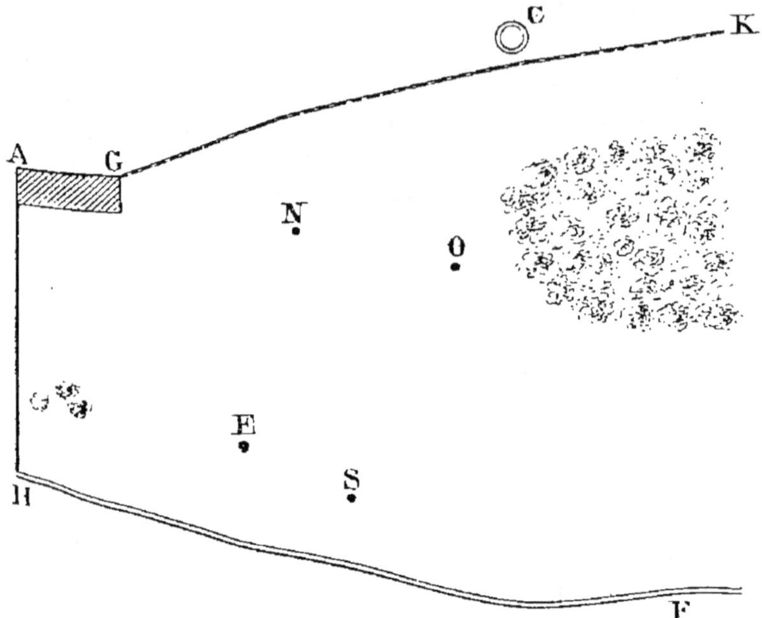

Fig. 9. — A, maison. — C, cheminée d'usine. — FH, route
bordée d'arbres. — AH, mur. — GK, palissade. — N, point de
départ en cas de vent du Nord. — E, point de départ en cas de
vent d'Est. — S, point de départ en cas de vent du Sud. — O,
point de départ en cas de vent d'Ouest.

ballon où l'on s'attend le moins à le voir aller. La
règle est donc de se tenir à une certaine distance de
toute espèce d'obstacle et le plus loin possible de celui vers lequel le vent doit vous diriger.

Le choix du point de départ est fait, soit par l'aéronaute commandant, soit par une personne compé-
tente qui restant à terre doit présider au départ. Les

deux systèmes peuvent être employés indifféremment. Dans les concours, et, en général, chaque fois qu'il s'agit d'ascensions multiples, il est nécessaire pour le bon ordre et la sécurité, que les départs soient réglés par quelqu'un restant à terre. Ce qui est toujours indispensable, c'est que tout le monde sache quelle est la personne qui doit commander, et que celle-ci seule donne des ordres.

Dernières opérations avant le départ. — Le point de départ étant choisi, celui qui commande, y fait transporter la nacelle. Si les circonstances le permettent on procède en ce point à un pesage complémentaire. Il peut arriver, en effet, que les résultats du pesage primitif soient modifiés ; si, par exemple, le ballon s'est chargé d'humidité il se trouve alourdi ; si, au contraire, au moment du premier pesage il était à l'abri du soleil, lorsqu'il est transporté sous ses rayons, il s'allège par suite de l'évaporation de son humidité antérieure ou de la dilatation du gaz ; il est alors possible d'augmenter légèrement la quantité de lest emportée.

Le pesage définitif étant achevé, il faut ne pas oublier de s'assurer que la manche d'appendice est bien ouverte. Généralement, lorsqu'il doit s'écouler un certain temps entre le gonflement du ballon et son départ, on ligature l'extrémité inférieure de la manche d'appendice afin d'éviter les rentrées d'air. C'est une excellente précaution, mais il ne faut pas oublier que partir avec une manche liée, c'est aller chercher la mort par suite de l'éclatement infaillible du ballon à plusieurs centaines de mètres de hauteur. Il ne faut donc, sous aucun prétexte, s'abstenir de délier la manche et de s'assurer de la libre issue du gaz.

Avant le départ, le pilote doit se placer à l'avant de la nacelle, c'est-à-dire du côté où le vent doit pousser l'aérostat afin d'avoir devant lui les obstacles dangereux. Il peut prendre cette position, soit en se déplaçant dans la nacelle, soit en faisant tourner l'aérostat tout entier. Il doit, en outre, tenir un ou deux sacs de lest prêts à être vidés ; dans certaines circonstances, notamment par un vent violent et ir-régulier, il peut être nécessaire qu'un aide soit égale-ment prêt à jeter du lest au commandement du pilote. Ces dispositions prises, le départ peut avoir lieu.

Lâchez-tout. — Ces mots avaient dans les récits d'anciennes ascensions quelque chose de théâtral ; les écrivains d'il y a quarante ans auraient cru man-quer à tous leurs devoirs s'ils n'avaient parlé du so-lennel « Lâchez tout » ! et les aéronautes avaient soin de le prononcer d'une voix tonitruante pa-reille à celle d'un général de cavalerie commandant la charge. Cette manière de faire n'avait d'autres avantages que celui d'impressionner le public; au-jourd'hui on s'y prend d'une façon plus simple. Le ballon étant à peu près équilibré, celui qui de terre préside au départ, ordonne généralement à tous ceux qui l'entourent de lâcher la nacelle, mais en se te-nant prêts à la saisir de nouveau. Il la maintient seul de la main légèrement appuyée sur le bord, et juge ainsi de sa force ascensionnelle : s'il la trouve insuf-fisante, il fait jeter une certaine quantité de lest, et le ballon part, pour ainsi dire, sans qu'on s'en aper-çoive ; et si les mots sacramentels sont prononcés, c'est à demi-voix et seulement pour les quelques aides placés autour de la nacelle.

Si le vent est fort, la seule précaution à prendre

est de calculer la quantité de lest à enlever de telle sorte que la vitesse verticale soit en proportion convenable avec la vitesse horizontale.

Une précaution indispensable est d'écarter complètement dans la direction du vent tous les spectateurs, car, en général, ils ont une tendance irrésis-

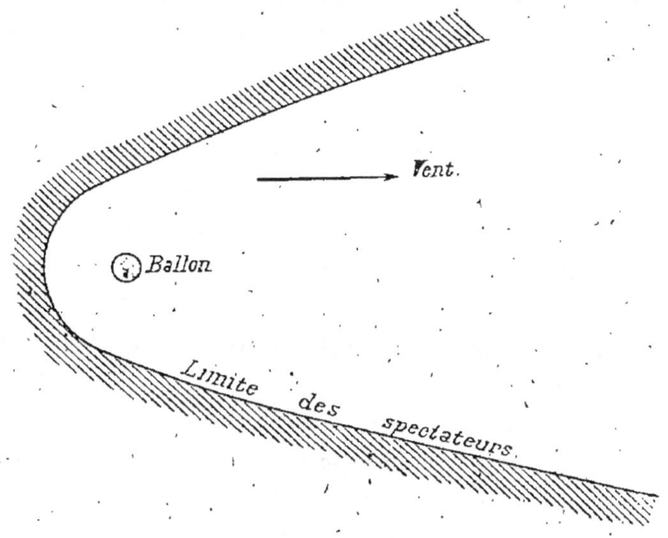

Fig. 10.

tible à s'approcher aussi près que possible de la nacelle ; ils doivent être disposés suivant une espèce d'éventail comme l'indique la figure 10.

Cabotage. — A partir du moment où la nacelle quitte le sol, que l'aéronaute-commandant ait ou non prescrit lui-même les manœuvres de départ, c'est à lui seul qu'incombe désormais la conduite de l'aérostat. Lui et ses compagnons doivent se considérer comme les habitants d'une petite planète isolée dans l'espace et dont il est lui, le maître absolu.

Il n'a, en particulier, aucun compte à tenir des ordres ou des avertissements qu'on pourrait lui donner de la surface du sol. C'est, en effet, une manie assez fréquente chez les personnes qui assistent à un départ de ballon libre de prétendre mieux juger que le pilote des manœuvres à faire : or celui-ci est, au contraire, beaucoup mieux placé que qui que ce soit pour prendre des déterminations en temps opportun.

Les manœuvres à effectuer sont, d'ailleurs, très simples : il suffit uniquement d'être prêt à jeter du lest pour éviter le contact des obstacles qui peuvent se trouver sur la route.

Cette manœuvre est réglée simplement à l'œil : c'est de la navigation au cabotage. Il ne faut pas songer, à ce moment, à observer un baromètre ou tout autre instrument pour se rendre compte du mouvement ascendant ou descendant du ballon ; pendant qu'on ferait ces lectures et qu'on en tirerait la conclusion, on aurait eu dix fois le temps de heurter le point dangereux. La vue donne, du reste, des indications beaucoup plus rapides.

Supposons, comme le représente la figure 11, l'aéronaute placé en un point A. A quelque distance en avant de celui-ci se trouve le sommet B d'un obstacle. Le rayon visuel AB vient couper le terrain au delà de l'obstacle en un certain point C, et la partie CD du terrain située en avant du point C dans la direction parcourue par le ballon est visible pour l'aéronaute. S'il s'avance suivant une trajectoire telle que AEFG qui passe franchement au-dessus du point dangereux B, à mesure qu'il s'avancera les rayons visuels tels que EB, FB, passant par le point B, se rapprocheront successivement de la direction verticale, et viendront couper le terrain en des points tels que

H ou I, de plus en plus rapprochés du pied de l'obstacle. Pendant la marche en avant de l'aérostat, il semblera donc, aux yeux du pilote, que le terrain masqué par l'obstacle diminue petit à petit tandis que la partie visible augmente. S'il tient les yeux fixés sur le point B, il verra le terrain sortir et s'élever, pour ainsi dire, derrière le point dangereux. Chaque fois que cette apparence se présentera, il pourra être tranquille, c'est-à-dire que la trajectoire

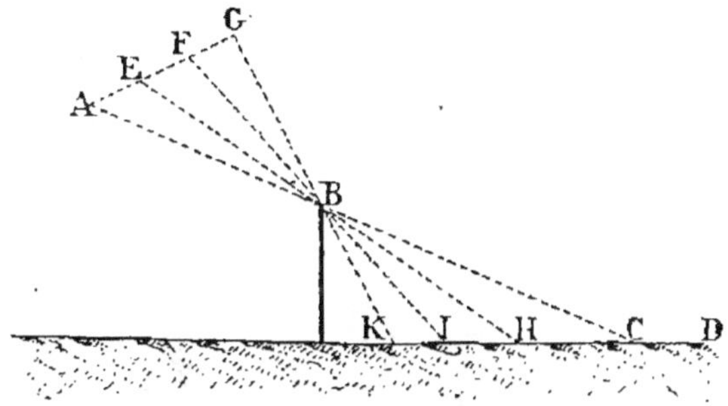

Fig. 11.

sera telle qu'il franchira naturellement le point dangereux. Si, au contraire, comme le montre la figure 12, la trajectoire AEFG du ballon devait passer au-dessous du point B, l'apparence contraire se présenterait, et, au fur et à mesure qu'on se rapprocherait de l'obstacle, les rayons visuels EB, FB, se rapprocheraient de la direction horizontale, et finiraient même par devenir ascendants, si bien que la partie cachée du terrain, limitée d'abord au point C, serait ensuite limitée aux points I et H et deviendrait de plus en plus considérable. Au lieu de sembler sortir de derrière l'obstacle comme dans le cas précédent, la région antérieure semblerait, au contraire, s'enfoncer derrière lui et même disparaître complè-

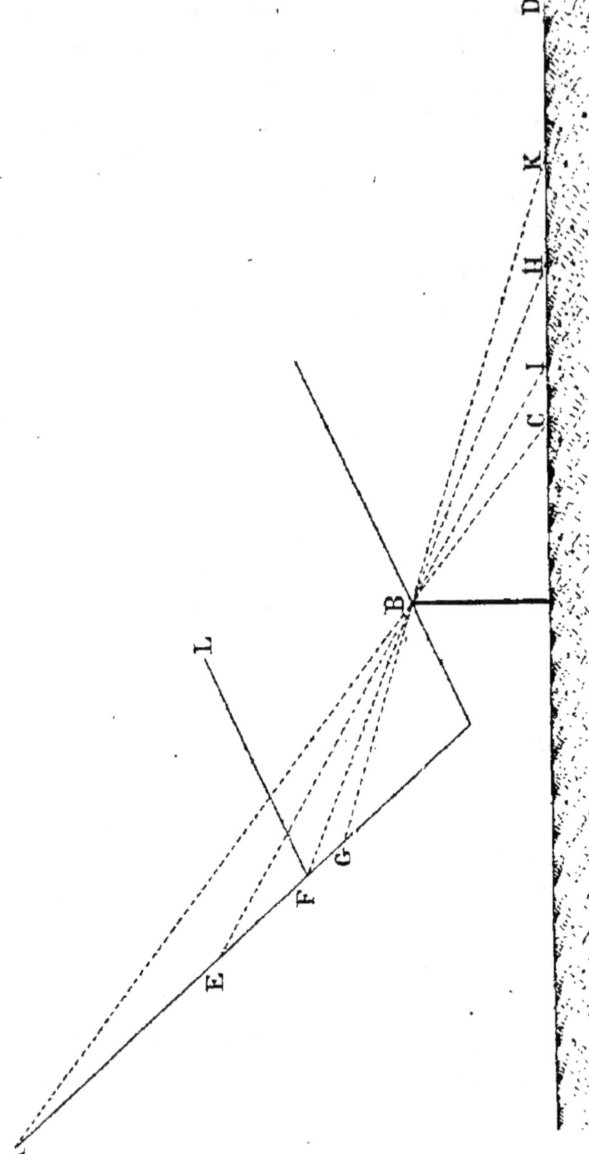

Fig. 12.

tement. Quand une semblable apparence se présente, il n'y a pas à hésiter : il faut jeter du lest en quantité suffisante pour que la direction de la trajectoire se relève, par exemple suivant la direction FL. On s'apercevra de l'effet obtenu en voyant, comme dans la figure 11, le terrain apparaître successivement sur une étendue de plus en plus grande derrière l'obstacle à franchir.

On voit que cette manœuvre est extrêmement simple, et que l'aéronaute est infiniment mieux placé que les gens qui sont à terre pour apprécier ce qu'il doit faire.

Durant cette période deux écueils sont à craindre : ne pas jeter assez de lest, ce qui amène à heurter les obstacles qu'on aurait voulu éviter ; en jeter trop ce qui conduit à avoir une trajectoire trop relevée, à gaspiller son lest et, par suite, à diminuer la durée du voyage. L'expérience seule peut donner le flair nécessaire pour manœuvrer convenablement pendant cette période initiale. On ne saurait trop engager les débutants à en jeter plutôt trop que trop peu ; mieux vaut abréger une ascension que heurter le sommet d'un arbre ou une cheminée, bien qu'en général les conséquences de semblables accidents ne soient pas extrêmement graves : mais cela produit une très mauvaise impression sur les spectateurs et sur les passagers, surtout s'ils sont novices. Petit à petit, on arrive à mieux doser ses projections de lest, et à dépenser la quantité strictement nécessaire.

Nous avons dit qu'au départ le pilote doit se placer en avant de la nacelle ; c'est indispensable pour juger du danger que présentent les obstacles à franchir. Si pendant cette période, le ballon tourne sur lui-même, le pilote devra se déplacer pour rester toujours vers l'avant.

Les quantités de lest à jeter pendant cette première phase sont extrêmement variables suivant les circonstances. Il faut donc se tenir prêt à tout événement, et avoir un certain nombre de sacs ouverts qu'on puisse vider rapidement. Le meilleur procédé consiste, pour le pilote, à avoir un de ces sacs en mains et les autres à sa portée. S'il s'agit d'un gros ballon, et si l'atmosphère est irrégulièrement agitée de manière à faire craindre des variations brusques de la force ascensionnelle ou des coups de vent descendants, le pilote devra donner l'ordre à un ou deux aides de se tenir prêts à vider des sacs de lest à son commandement. Mais ce sont là des circonstances exceptionnelles.

Cette période de cabotage durera tant qu'il sera possible de juger à coup sûr du mouvement ascendant ou descendant d'après la variation d'aspect du terrain. Au fur et à mesure qu'on s'élèvera, on pourra s'aider de temps en temps du baromètre ou du statoscope, tout en réglant sa manœuvre sur l'observation du sol avant tout. Mais il arrivera un moment où cela deviendra de plus en plus difficile, et il faudra ne plus compter que sur les instruments pour connaître les mouvements verticaux de l'aérostat. C'est alors que commencera la seconde partie de l'ascension libre : la navigation normale.

Tenue du livre de bord. — Pendant la première phase, au moment même du départ, l'aéronaute chargé de la tenue du livre de bord devra noter l'heure exacte du départ, et la quantité de lest emportée. Il devra commencer à intervalles périodiques, par exemple toutes les 5 ou toutes les 10 minutes, à inscrire l'altitude lue directement sur son baromètre. Dans la colonne réservée au lest, il indiquera la quantité de lest restant dans la nacelle ; cette quantité s'obtiendra en retranchant de la quantité emportée au départ les quantités successivement projetées par le pilote ou par son ordre. Il est complètement inutile de s'astreindre à des détails trop minutieux, il suffira de noter chaque fois qu'un sac de lest est complètement épuisé. On inscrira en face de l'heure correspondante la quantité restante, qui différera du chiffre précédemment inscrit par le poids d'un sac de lest, que nous avons supposé taré à 5, 10 ou 15 kilogrammes.

On signalera également les points importants du sol au-dessus desquels on passe, avec les heures correspondantes, pour pouvoir reconstituer le chemin parcouru, et surtout connaître sa vitesse horizontale.

CHAPITRE V

Navigation normale.

Commencement de cette période. — Ce commencement dépend uniquement de la volonté de l'aéronaute-commandant; c'est à lui à savoir s'il veut continuer à faire du cabotage et à manœuvrer d'après l'observation de ses instruments.

A mon avis, on doit passer à la navigation normale dès qu'on a au-dessous de la nacelle un matelas d'air suffisant, que j'estime devoir être d'environ 500 m. au-dessus du sol sous-jacent.

Mesures préparatoires. — Au moment de commencer cette période il sera bon de prendre quelques mesures préparatoires.

La plus importante est de faire l'inventaire du lest restant. On a dû, au moment du départ, inscrire sur le livre de bord la quantité emportée; mais, il a pu arriver que pendant les manœuvres de départ et au cours de la première période de l'ascension, on ait été conduit à faire des projections de lest rapides sans en tenir compte exactement. Il est donc très prudent de vérifier la provision de lest au début de la période de navigation normale, car, ainsi que nous le verrons plus loin, il est souvent indispensable pour prendre une décision de savoir exactement et immédiatement le poids de lest disponible.

Cet inventaire fait, il sera bon de mettre à part une certaine quantité de lest réservée aux manœuvres finales. Nous verrons plus loin comment cette quantité peut être fixée.

C'est généralement aussi au début de cette période qu'on largue le guide-rope et le serpent si l'on en possède un, à moins qu'on ne soit exposé à descendre au-dessus d'une région particulièrement difficile, telle qu'une grande ville ou une zone traversée par de nombreuses lignes électriques de transport de force ou de lumière.

Il est à peine besoin de dire que pendant la période de navigation normale, le pilote peut occuper la place qui lui convient dans la nacelle, puisque ce n'est pas sur l'aspect du sol qu'il réglera désormais sa marche. D'ailleurs, en cours d'ascension le ballon tourne fréquemment sur lui-même, son orientation change, et l'on ne se rend compte de la direction vers laquelle on marche que d'après les points au-dessus desquels on passe successivement.

But qu'on se propose. — En navigation normale, on cherche à prolonger le plus possible le voyage aérien sans reprendre contact avec le sol. Les seuls moyens de manœuvre dont on dispose en général sont la soupape et le lest.

D'après ce qui a été dit au paragraphe 1 (Nos 1 et 14) lorsque le ballon plein éprouve une tendance à monter, cette tendance s'arrête d'elle-même. S'il est flasque, il se remplira en montant, et une fois plein il continuera à monter jusqu'à ce que, par suite de la raréfaction de l'air, la force ascendante soit annihilée, après quoi il s'arrêtera. Il en résulte qu'en navigation normale on ne doit jamais toucher à la soupape. On ne saurait rêver une règle de manœuvre plus simple.

Il n'en est pas de même du lest. Si l'on se reporte aux principes énoncés aux n°s 12, 13 et 14, on voit, en effet, que sauf de rares exceptions, un mouvement descendant du ballon ne s'arrêtera qu'au contact du sol. Il faut donc observer avec soin ces mouvements, et les arrêter le plus tôt possible par une projection de lest convenable ; la manœuvre du pilote consiste d'une part à se tenir constamment au courant des mouvements verticaux de l'aérostat, et, d'autre part, à jeter du lest en temps utile pour s'opposer aux descentes.

Baromètre. — On est trop loin du sol pour avoir, d'après son aspect, une idée suffisamment exacte de l'altitude qu'on occupe. Ce qu'il importe, d'ailleurs, de connaître pour la manœuvre, c'est moins l'altitude absolue que ses variations. Le véritable instrument de l'aéronaute est le baromètre. Il doit l'observer constamment, ne pas s'inquiéter des mouvements ascendants, mais jeter du lest dès qu'une descente se dessine.

Manœuvre du lest. — La difficulté consiste à déterminer la quantité de lest qu'il convient de projeter. Si l'on n'en projette pas assez, la force descendante sera simplement diminuée et la vitesse de descente réduite, mais le mouvement ne prendra fin qu'au contact du sol, comme si l'on n'avait rien fait pour l'arrêter. Si l'on jette trop de lest, le ballon remontera avec une rapidité plus ou moins considérable ; en arrivant à sa zone de plénitude, il perdra du gaz par l'appendice, et comme en cours d'ascension il est absolument impossible de renouveler sa provision de lest ou de gaz, et que le voyage se termine forcément par l'épuisement de l'une ou de l'autre, toute dépense exagérée de lest aura pour conséquence de réduire la durée du voyage, ce que l'on doit éviter autant que possible.

Il y a deux méthodes principales pour apprécier la quantité de lest à projeter.

Méthode de l'observation de la vitesse de descente. — La plus scientifique des deux méthodes, due au colonel Renard, consiste à mesurer la vitesse de descente, à calculer d'après cela la force descendante, et à jeter une quantité de lest égale à cette force.

Pour mesurer la vitesse, il suffit d'observer le baromètre à des intervalles périodiques, par exemple toutes les 30 secondes. Supposons qu'une première fois on ait constaté une altitude de 1 050 mètres, au bout de 30 secondes 1020, 30 secondes plus tard 980, 30 secondes après 920, et une cinquième fois 860. Les pertes de hauteur successives par demi minute seront de 30 mètres, 40 mètres, et 60 mètres. Les deux dernières observations ayant fait constater la même vitesse, on en conclut que celle-ci est devenue uniforme, et que c'est par conséquent, la vitesse de régime correspondant à l'alourdissement actuel de l'aérostat. Or, 60 mètres en 30 secondes donnent 2 mètres par seconde ; c'est la mesure de la vitesse de descente.

D'après les expériences du colonel Renard sur les ballons sphériques, la force descendante et la vitesse sont reliées par la formule suivante :

$$f = 0,025 \ d^2 \ v^2$$

dans laquelle f représente la force descendante exprimée en kilogrammes, d le diamètre du ballon exprimé en mètres, et v la vitesse exprimée en mètres par seconde. Si nous supposons que le ballon a 10 m. de diamètre et que la vitesse de descente est de 2 m. par seconde, en faisant dans la formule d égal à 10, et v égal à 2 on obtient :

$$f = 0,025 \times 100 \times 4 = 10$$

La force descendante est donc de 10 kilogrammes, et il n'y a qu'à jeter 10 kilogrammes pour arrêter le mouvement.

Ce procédé réussit généralement fort bien, mais il a différents inconvénients. Le principal consiste dans l'ennui d'avoir à faire le calcul de la force descendante. On peut éviter cet inconvénient en faisant le calcul d'avance sous forme d'un tableau indiquant quelles sont les forces correspondant à différentes vitesses. Nous donnons en appendice un tableau de ce genre calculé pour des ballons de différents volumes. Il est facile d'en faire d'autres. — Cette méthode exige, en outre, l'emploi de la montre et du baromètre, et demande, par suite, beaucoup d'attention. — Enfin elle a l'inconvénient de ne pouvoir s'appliquer qu'à une hauteur notable, environ un millier de mètres; car pendant le temps qu'on doit passer à observer les vitesses successives, il ne faut pas qu'on puisse arriver au sol.

Il n'est pas prudent non plus d'attendre toujours qu'on ait constaté une vitesse uniforme, car on peut dans certaines circonstances être exposé à attendre longtemps, la vitesse allant toujours en s'accélérant. Il est donc préférable, dès qu'on aura constaté une première vitesse, de faire une projection de lest correspondante, puis de faire une nouvelle observation suivie d'une nouvelle projection de lest, et ainsi de suite. Ainsi appliquée cette méthode ne différera pas beaucoup de celle que nous allons exposer.

Méthode des rations de lest successives. — Cette méthode, due également au colonel Renard, est d'une application beaucoup plus simple, et conduit dans la pratique à d'aussi bons résultats. Elle consiste à projeter successivement des rations de lest égales. On donne ce nom à une quantité déterminée qu'on fixe d'après la force ascensionnelle totale du ballon. On peut la fixer entre 1/100 et 1/300 de cette force ascensionnelle. Ainsi pour un ballon de 1600 mètres cubes gonflé au gaz d'éclairage ayant une force ascensionnelle de 0,700, la force ascensionnelle totale sera de 1120 kilogrammes, dont la 100e partie est de 11 kilog. 200, et la 300e partie de 3 kilog. 733. On peut, dans ce cas, fixer la ration de lest à 5 kilogrammes. Il y a avantage à choisir un nombre rond, de façon que les sacs de lest emportés contiennent une, deux ou trois rations de lest exactement. Dans la pratique, on appréciera à l'œil la fraction du sac contenant une ration.

On fixera, en outre, la hauteur des échelons successifs de descente à la suite desquels on devra jeter chaque fois une ration de lest; 50 mètres est une hauteur très convenable qu'on peut adopter d'une manière générale.

La règle de manœuvre sera alors la suivante : lorsqu'après être resté en équilibre à une hauteur donnée on sera descendu d'un échelon, soit 50 mètres, on jettera une ration de lest. On continuera après cette projection à observer le baromètre. Presque toujours il continuera à indiquer une descente. Si après la première projection de lest, on franchit un nouvel échelon de 50 mètres, on jettera une deuxième ration, et ainsi de suite. On pourra être amené ainsi à jeter une, deux, trois, quatre rations de lest, ou davantage. Mais il arrivera un moment où, après la projection d'une ration, le mouvement s'arrêtera avant qu'on ait atteint le prochain échelon de 50 mètres. Alors il n'y aura plus lieu de continuer à manœuvrer le lest ; il suffira de s'en tenir à observer les altitudes. Généralement, après une courte station à une hauteur minima, le ballon remontera jusqu'à sa zone de plénitude, qu'il dépassera, ainsi que nous le verrons plus loin.

Cette méthode, on le voit, n'exige aucun calcul, et la simple observation du baromètre suffit. Il ne s'agit pas, comme dans le cas précédent, de l'observer à intervalles réguliers, mais de constater des échelons égaux de descente, et de jeter une ration de lest chaque fois qu'on en franchit un. Évidemment on aura presque toujours jeté un peu trop de lest, mais la quantité en excès sera certainement inférieure à une ration, car si la projection de la dernière ration avait été complètement inutile, le ballon se serait arrêté avant d'atteindre le dernier échelon. Dans la pratique, cette méthode donne de très bons résultats, et est d'une application facile.

Pour en rendre l'emploi plus commode, on peut, d'ailleurs la modifier légèrement. Au lieu de compter ses échelons à partir du point de départ, on les comptera par altitudes rondes de 50 mètres en 50 mètres, Si l'on part, par exemple, de 1527 mètres, au lieu de jeter successivement des rations de lest à 1477, 1427, 1377 mètres, etc., on les jettera à 1450, 1400, 1350,

1300 mètres, etc. On évitera ainsi des erreurs. Cette manière de faire aura pour conséquence d'allonger le premier échelon qui, dans le cas particulier, se trouvera être de 77 mètres au lieu de 50 ; mais cela n'a aucun inconvénient, au contraire.

Il peut arriver en effet que des mouvements de descente s'arrêtent d'eux-mêmes, parce que les causes qui en ont provoqué la naissance cessent d'exister brusquement. Dans ce cas, si l'on a appliqué brutalement le système des rations, on aura fait des projections de lest inutiles. Pour éviter cette perte, j'avais l'habitude d'augmenter la longueur du premier échelon, et cela d'une quantité proportionnelle au matelas d'air, c'est-à-dire à la hauteur au-dessus du sol. Jusqu'à mille mètres, ce premier échelon était égal à 50 et quelques mètres ; de 1 000 à 1 500 mètres, je le fixais généralement à 100 et quelques mètres ; de 1 500 à 2 000, à 150 et quelques mètres, et ainsi de suite. Partant par exemple de 1 863 mètres, je projetais la première ration à 1 700 et les suivantes à 1 650, 1 600, etc. Il est, en effet, rationnel de se laisser descendre d'autant plus, avant de manœuvrer le lest, qu'on est plus près du sol. Mais une fois qu'on a pris la décision de projeter des rations de lest, il faut le faire régulièrement en appliquant la règle d'une manière inflexible jusqu'à ce que le mouvement de descente soit arrêté.

Flair de l'aéronaute. — Beaucoup d'aéronautes seront tentés de trouver ces règles brutales, et de prétendre qu'avec le simple flair on manœuvre beaucoup mieux. Cela peur arriver pour certains aéronautes habiles. Je suis loin de médire du flair qu'ils peuvent avoir, et je prétendais moi-même en posséder une certaine dose ; mais le rôle du flair doit être assez restreint. Il consistera, par exemple, lorsqu'on voit que la descente est provoquée par l'ombre d'un petit nuage, et qu'on a espoir de revenir à bref délai en plein soleil, à compter sur le réchauffement prochain du gaz pour économiser un peu de lest. Il y a dans la pratique un certain nombre de circonstances de même ordre ; mais si le flair peut motiver un retard dans l'application d'une règle de manœuvre, une fois qu'on s'est décidé à cette application, il faut s'y tenir en conscience, et ne pas compter sur des événements problématiques qui la rendraient inutile. Quoi qu'il en soit, les débutants feront toujours bien d'appliquer les règles, et s'ils le font, je puis leur promettre qu'ils n'auront jamais de gros ennuis. Ils acquerront du flair petit à petit, mais ne devront jamais en abuser.

Statoscope. — Si le baromètre doit être en principe le véritable guide du pilote aéronaute, on peut toutefois suppléer à ses indications ou les compléter par d'autres observations. Parmi tous les instruments que l'on a imaginés dans ce but, le plus intéressant est certainement le statoscope.

Cet instrument consiste dans une capacité d'environ 1 décimètre cube, dont une paroi est formée par une membrane flexible. Cette capacité communique avec l'air extérieur au moyen d'un robinet ou de tout autre manière. Lorsque cette tubulure est ouverte, l'intérieur du statoscope communique librement avec l'atmosphère ; la pression est la même au dedans et au dehors, et la membrane prend une certaine position. A cette membrane est reliée par une transmission légère une aiguille mobile sur un cadran. Les positions de cette aiguille correspondent aux déplacements que peut subir la membrane. L'appareil doit être réglé de telle sorte que lorsque la tubulure est ouverte et qu'il y a, par suite, équilibre de pression entre l'intérieur du statoscope et l'atmosphère ambiante, l'aiguille marque o.

Supposons qu'on ait fermé la tubulure. Si l'aérostat à bord duquel on a placé le statoscope reste à la même hauteur, l'aiguille continuera à marquer o; mais s'il monte, la pression extérieure diminuera, tandis que la pression intérieure restera la même. Il y aura donc excès de pression intérieure et la membrane se gonflera; l'aiguille se déplacera d'un certain côté, à droite du o, par exemple. Si. au contraire, au moment où l'on a fermé la tubulure le ballon est en train de descendre, la pression extérieure deviendra plus forte que la pression intérieure ; la membrane fléchira et rentrera dans la boîte au lieu d'en sortir, et l'aiguille se déplacera à gauche du o, au lieu de se porter vers la droite.

Cet instrument indique donc si l'on monte ou si l'on descend.

Si l'on maintenait constamment fermée la tubulure, le statoscope indiquerait seulement si l'on est plus haut ou plus bas que le point où l'on se trouvait lorsque la communication entre l'air extérieur et l'intérieur de l'appareil a été interceptée. Cette indication n'offrirait pas grand intérêt, et de plus on s'exposerait à fatiguer la membrane par des différences de pression exagérées et à amener sa rupture. On doit donc laisser le statoscope généralement ouvert et le fermer au moment même où l'on veut le consulter. Cet instrument est extrêmement sensible ; le moindre mouvement de descente provoque une déviation de l'aiguille dans un sens ou dans l'autre, et la rapidité du déplacement de l'aiguille donne une idée de la vitesse de montée ou de descente.

On peut donc, grâce à cet appareil, régler sa manœuvre de lest avec une grande facilité : en cas de montée, il n'y a jamais rien à faire ; en cas de descente on peut jeter du lest progressivement jusqu'à ce qu'on constate que le mouvement descensionnel s'arrête. Mais il faut bien remarquer que, dans ce cas, il est indispensable de ne pas maintenir le statoscope constamment fermé, car alors l'aiguille ne reviendrait au O que lorsque le ballon serait revenu au point où l'on a intercepté la communication. On jetterait ainsi beaucoup trop de lest. Il n'en faut pas jeter en effet jusqu'à provoquer une remontée au point de départ ; il suffit d'arrêter le mouvement de descente ; une fois qu'il sera arrêté et transformé en un mouvement ascendant, si faible qu'on le suppose, on regagnera infailliblement le point de départ, et on le dépassera même d'après les principes énoncés au paragraphe I (nos 4, 14, 19 et 20).

Il convient même de dire qu'on ne doit pas jeter du lest jusqu'à arrêter le mouvement de descente ; on peut se contenter d'en jeter juste assez pour équilibrer la force descendante avec un certain excès. Lorsqu'on constate une diminution dans la vitesse de descente, c'est-à-dire, pour parler le langage de la mécanique, une accélération négative, cela prouve que l'aérostat est soumis à une force verticale dirigée de bas en haut. Par conséquent, la cause qui avait provoqué le mouvement de descente a cessé d'exister, soit qu'elle ait disparu d'elle-même, soit que les quantités de lest projetées aient été suffisantes pour équilibrer la force descendante primitive. La diminution de la vitesse de descente prouve même que l'équilibre est surabondant, et qu'il y a tendance à monter ; toute projection de lest ultérieure est donc inutile et, par suite, nuisible.

La véritable manière de manœuvrer au statoscope est donc, à mon avis, la suivante : on ferme le statoscope et on constate un mouvement de descente : on rouvre immédiatement le statoscope et on jette une certaine quantité de lest. Quelques instants plus tard on ferme de nouveau le statoscope, et on constate un mouvement de descente aussi rapide ou plus rapide même que le premier : nouvelle projection de lest. On continue ainsi tant qu'on constate que la vitesse de descente augmente ou reste stationnaire. Mais à partir du moment où l'on s'aperçoit qu'elle diminue, on cesse de jeter du lest, et on laisse les choses aller d'elles-mêmes. Dans l'immense majorité des cas le ballon continuera à descendre, mais de plus en plus lentement, puis s'arrêtera et remontera. Toutefois, comme il pourrait arriver qu'une nouvelle cause extérieure provoque un nouvel alourdissement, lorsqu'on aura décidé de ne plus jeter de lest il faudra continuer à observer pendant quelque temps le baromètre ou le statoscope, de manière à constater que l'effet prévu se produit réellement, et l'on ne cessera cette observation qu'une fois le mouvement ascensionnel bien dessiné.

Papier à cigarette. — Si l'on était dépourvu de tout instrument permettant de se rendre compte de la hauteur et des mouvements verticaux des aérostats, on pourrait y suppléer par l'observation de la chute de corps légers, tels que des feuilles de papier à cigarette. Une de ces feuilles minces tombe dans l'air avec une vitesse d'environ o m. 50 par seconde. Si l'aéronaute jette en dehors de la nacelle de semblables feuilles et s'il les voit descendre, c'est qu'il monte lui-même, ou reste stationnaire, ou descend avec une vitesse inférieure à o m. 50 par seconde. On peut très bien apprécier à l'œil la vitesse de descente de ces feuilles, et en retranchant 50 centimètres on obtiendra la vitesse positive ou négative avec laquelle l'aérostat monte. Si, d'ailleurs, on ne descend qu'avec une vitesse de 50 centimètres à la seconde, cela correspond à une rupture d'équilibre tellement faible qu'il ne vaut guère la peine de jeter du lest. Pour un ballon de 10 mètres de diamètre, la force descendante en pareil cas ne serait que 600 à 700 grammes. Donc dans la pratique on ne jettera pas de lest tant que les feuilles de papier à cigarettes paraîtront descendre ou rester à hauteur de la nacelle. Si, au contraire, on voit les feuilles monter, c'est que le ballon descend avec une vitesse supérieure à 50 centimètres, et alors il peut y avoir intérêt à jeter du lest ; on peut continuer à en jeter jusqu'à ce que les feuilles restent stationnaires. Et pour constater ce fait il n'est pas nécessaire de faireune grande dépense de papier, car le ballon rencontre généralement en remontant les feuilles qu'il avait abandonnées dans la descente. C'est même là une des preuves les plus remarquables de l'absence de vent relatif en ascension libre : on rencontre quelquefois des feuilles de papier ou des grains de sable qu'on a abandonnés une heure auparavant.

Le papier à cigarettes, ainsi que tous les procédés basés sur la résistance de l'air, ne peut donner de résultats que s'il n'y a pas de courants d'air ascendants ou descendants. S'il y a de ces courants d'air, ces procédés se trouvent complètement faussés : le papier à cigarettes, par exemple, continuera à descendre avec une vitesse de 50 centimètres, mais par rapport à l'air supposé calme ; si le vent a une vitesse ascendante de 2 mètres par seconde ces feuilles monteront en réalité de 1 m. 50 par seconde : on pourra donc croire à une descente rapide et jeter du lest inutilement ; une erreur inverse se produirait en cas de courant descendant.

Aussi, comme on n'a pas de moyens, à bord d'un aérostat, de constater s'il existe ou non des courants verticaux, on ne peut accorder à ces procédés qu'une confiance relative ; c'est toujours aux instruments fondés sur la pression atmosphérique, baromètre ou statoscope qu'il faut, en principe, recourir pour régler sa manœuvre de lest.

Forme du diagramme en navigation normale. — Pendant cette période, le diagramme horaire, c'est-à-dire la courbe obtenue en portant horizontalement des longueurs proportionnelles au temps écoulé depuis le point de départ, et en portant verticalement des hauteurs proportionnelles à l'altitude, présente la forme indiquée à la figure 13. Supposons qu'on soit en équilibre à un certain point A ; un mouvement de descente se produit : on jette du lest pour l'arrêter, et on obtient ce résultat en B : le sens du mouvement change et on remonte jusqu'en C à la hauteur du point de départ A. Mais comme, d'une part, on a nécessairement jeté plus de lest qu'il n'était nécessaire, et comme, d'autre part, la cause qui avait provoqué la descente a peut-être disparu en tout ou en partie, on arrive au point C avec une certaine force ascensionnelle. Pendant la période de descente AB, le ballon plein en A s'est contracté ; pendant la période de montée BC, il s'est dilaté ; il a été, par suite, plus ou moins flasque pendant le parcours ABC ; mais en arrivant en C, il est plein. Comme il a une certaine force ascensionnelle, il continuera à monter jusqu'à un certain point D, où l'ascension s'arrêtera d'elle-même, comme nous l'avons vu au paragraphe I (nos 1 et suiv.).

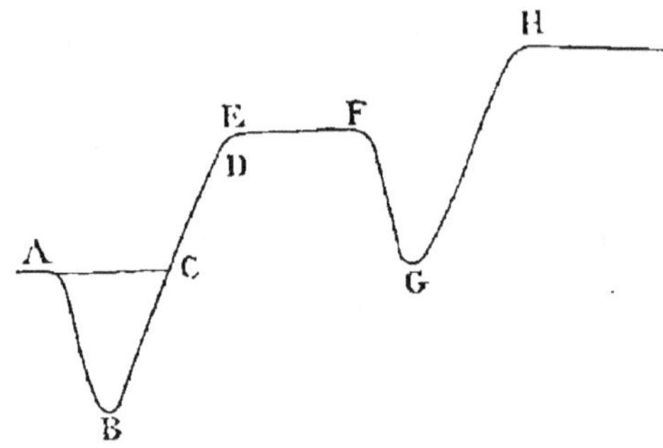

Fig. 13.

Il dépassera légèrement ce point en vertu de la vitesse acquise, et parviendra finalement à un point E, dont l'altitude sera nécessairement supérieure à celle du point A. Il stationnera ensuite en équilibre à la hauteur E, et parcourra par suite une horizontale EF plus ou moins longue. Un nouveau mouvement de descente se produira, qu'on arrêtera comme le précédent par une projection de lest. Le résultat sera une nouvelle courbe FGH, en forme de V dont la branche ascendante GH sera plus longue que la branche descendante FG. La zone d'équilibre, qui était primitivement à la hauteur du point A sera donc montée en E puis en H ; elle s'élèvera ainsi progressivement. Il en sera de même tant que durera la navigation normale : chaque projection de lest aura pour effet d'élever la zone d'équilibre, et le diagramme se composera d'une série de paliers horizontaux, reliés par des V à longue branche ascendante comme le représente la figure 13.

Ballonnet. — Si l'on possède un ballonnet les choses se passent autrement. On peut, en effet, maintenir le ballon plein grâce à une insufflation d'air dans le ballonnet, et dès qu'on aura arrêté un mouvement de descente, le ballon se trouvera dans sa zone de plénitude. La trajectoire sera donc mo-

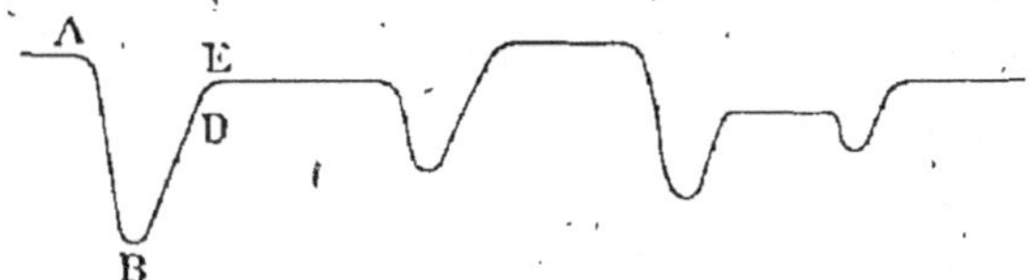

Fig. 14.

difiée comme le représente la figure 14. Au point B où la descente est arrêtée, le ballon est plein : il ne remontera donc pas jusqu'à la hauteur A comme à l'état flasque ; s'il remonte c'est uniquement parce que la projection de lest aura été un peu trop forte. Ce mouvement sera rapidement arrêté en D, il dépassera légèrement ce point en vertu de la vitesse acquise, et retrouvera une nouvelle zone d'équilibre en E, qui ne sera pas nécessairement supérieure au point A, qui sera même peut-être inférieure à ce point ; dans la pratique on peut espérer se maintenir à un niveau sensiblement constant, et l'aspect du diagramme, au lieu de se composer de paliers d'une hauteur croissante, pourra présenter la forme d'une ligne horizontale interrompue de temps en temps par quelques V à branches sensiblement égales.

Observations générales. — Il résulte de tout ce

que nous venons de voir, que durant les périodes de descente, le pilote doit constamment observer ses instruments, et projeter du lest s'il est nécessaire. Aucune distraction ne lui est alors permise ; le moindre retard peut suffire à provoquer des descentes jusqu'au sol ou à nécessiter des projections de lest considérables. Il m'est arrivé une fois d'être seul dans une nacelle avec trois passagers, absolument novices. A un moment donné, l'un d'eux ne trouvant pas un instrument qu'il cherchait, me demanda de lui en indiquer la place. Nous étions à environ 1500 mètres de hauteur ; je cessai d'observer mon baromètre, et cherchai dans une des soutes de la nacelle l'objet demandé, puis je revins à ma manœuvre ; cela avait duré à peine une demi minute. Quand je regardai par dessus bord je fus désagréablement supris de constater que nous n'étions pas à plus de 200 mètres du sol. Il fallut sacrifier deux ou trois sacs de lest pour regagner notre zone d'équilibre, tandis que sans ce moment d'inattention, une ou deux rations auraient probablement suffi.

Pendant les périodes ascendantes, au contraire, on peut être tranquille, au moins pour quelque temps. Aussi est-ce toujours pendant ces périodes qu'il faut effectuer les opérations capables de distraire le pilote de sa tâche. En particulier, s'il se trouve à bord deux ou plusieurs pilotes ou élèves pilotes faisant la manœuvre du lest à tour de rôle, on ne doit faire le passage du service qu'au cours d'une période ascendante, de manière que celui qui prend le quart, pour employer une expression navale, ait quelque temps pour se mettre au courant, et ne soit pas obligé de faire une projection de lest immédiate, qui risquerait fort d'être insuffisante ou exagérée.

Observation de la route. — Au cours d'une ascension, l'aéronaute-commandant doit toujours posséder deux renseignements : la quantité de lest restante, et le point au-dessus duquel se trouve l'aérostat. Il faut donc qu'un des passagers observe la route. Si le pilote est seul, il a tout à faire ; avec de l'habitude il s'en tire, mais c'est une besogne compliquée ; il est de beaucoup préférable qu'un autre que lui observe la route et le renseigne.

C'est d'ailleurs une opération très simple lorsqu'on est muni d'une bonne carte : on regarde la carte, on regarde le terrain sous-jacent, on constate l'identité de l'un et de l'autre, et il est très facile de connaître au-dessus de quel point de la carte on est en train de passer. Mais pour tracer sa route avec plus de précision, il est indispensable d'observer de temps en temps des points bien déterminés : le passage au-dessus d'un monument, du coude d'une route ou d'une rivière, d'un point bien net de la lisière d'une forêt, etc. Si l'on ne passe pas au-dessus de points bien déterminés, on coupe toujours certaines lignes, routes, rivières, chemins de fer, et on peut apprécier à l'œil la distance du point d'intersection de cette ligne avec la trajectoire du ballon à un point déterminé, dire, par exemple, que le ballon passe au-dessus de la route de Paris à Orléans, à 1 kilomètre au sud du carrefour de la Croix de Berny. Lorsqu'on passe ainsi au-dessus d'un point déterminé avec exactitude, on note l'heure du passage ; pour l'apprécier au juste il suffit de regarder de la nacelle la pointe du guide-rope : cela détermine une ligne de visée presque verticale d'une précision plus que suffisante. Avec l'heure du passage on note sur le livre de bord le point relevé ; pour abréger, on peut le désigner par une lettre et marquer la même lettre sur la carte.

On opère ainsi de temps en temps, au minimum toutes les heures, et mieux toutes les demi-heures environ. Cela permet d'obtenir un renseignement précieux, qu'il serait très difficile, sinon impossible, de se procurer autrement : la vitesse de translation horizontale. Si on est passé à 9 h. 45 du matin au-dessus de Versailles, et à 10 h. 34 au-dessus de Rambouillet, on a parcouru 29 kilomètres en 49 minutes ; un calcul très simple, apprend que cela correspond à 35 k. 7 à l'heure. L'emploi de la règle à calcul donne instantanément le chiffre de la vitesse. Nous verrons plus loin l'importance de ces renseignements pour l'aéronaute-commandant.

L'aéronaute chargé du tracé de la route peut commettre deux genres d'erreurs.

La première c'est d'avoir des idées préconçues sur les points au-dessus desquels il va passer. Lorsqu'on a marqué sur une carte qu'on a passé successivement aux points A, B, et C (fig. 15), et que ces points sont à peu près en ligne droite, si la carte nous fait voir un point remarquable D dans la direction antérieurement suivie, on a une tendance naturelle à croire que le ballon ne manquera pas de passer au-dessus du point D, et on peut être tenté de marquer d'avance sur la carte ce point D comme devant être situé sur la trajectoire. Ce procédé est absolument condamnable ; le vent peut, en effet, changer de direction et faire passer le ballon à une distance plus ou moins grande du point marqué D. Le point sui-

vant devra, par suite, être cherché non plus dans la
direction CD, mais dans la direction CE, et une fois
la première erreur commise, on pourra éprouver de
grandes difficultés à trouver le point suivant G, car
on le cherchera à tort dans la région de la carte contenant le point F situé dans le prolongement de la

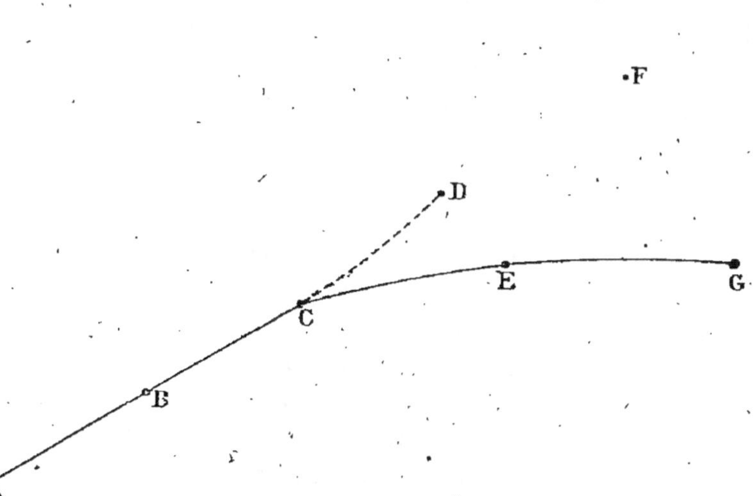

Fig. 15.

direction faussement fixée. La distance FG peut être
telle que les deux positions ne soient pas sur la
même feuille de la carte, ce qui complique encore
la situation. Il en résultera donc une incertitude de
la route qui pourra durer plus ou moins longtemps.

Mais c'est encore le moindre inconvénient qu'il y
ait à craindre. Ce qui est plus grave, c'est que par
suite d'une similitude plus ou moins complète on
peut en venir à prendre le point E pour le point D,
le point G pour le point F, le point réel I pour le
point inexact H, etc. et qu'on continue ainsi à tracer

indéfiniment une fausse route du voyage. Ce n'est
pas là une simple hypothèse, je connais plusieurs
cas de ces erreurs prolongées. J'en puis citer un entre
autres. Un ballon parti de Chalais Meudon il y a
une vingtaine d'années était monté par trois officiers
du génie, c'est-à-dire par des personnes familiarisées
avec la lecture des cartes. L'un d'eux, qui comman-
dait à bord, venait d'obtenir récemment son brevet
de pilote, et conduisait seul pour la première fois
une ascension ; il était donc à juste titre absorbé par
sa manœuvre, et avait chargé ses compagnons de
faire la route après leur avoir donné des indications
sommaires à ce sujet. Durant tout le voyage, il ne
s'en est donc pas occupé. Les deux autres passagers
exécutaient leur première ascension. En pareil cas,
il est tout naturel d'être empoigné par l'étrangeté de
cette situation nouvelle, de s'abandonner au charme
du voyage aérien, et d'être plus ou moins incapable d'une attention suivie. A quelque distance de
Meudon se trouve, sur un plateau cultivé en céréales
compris entre les vallées de la Bièvre et de l'Yvette,
deux étangs, celui de Saclay et celui de Trou Salé
Ce dernier a depuis quelque temps une certaine no-
toriété par suite des expériences d'aéroplane de M. Es-
nault-Pelterie qui ont eu lieu dans son voisinage.
Nos aéronautes novices, en passant au-dessus de
l'étang de Trou Salé crurent avoir sous eux celui de
Saclay ; ils marquèrent donc sur la carte un point
trop à gauche. Partant de cette idée préconçue, ils
cherchèrent à identifier dans la direction présumée
tous les lieux habités au-dessus desquels ils pas-
saient ; c'est ainsi qu'ils ont pu prendre Anet pour
Maintenon, Laigle pour Nogent-le-Rotrou, Argen-
tan pour le Mans. Mortain pour Château-Gon-

thier, etc. Au bout de quelques heures, la mer apparut à l'horizon sous forme d'un assez vaste estuaire ; d'après la direction présumée, ce ne pouvait être que l'embouchure de la Loire. Les deux passagers annoncèrent à l'aéronaute-commandant la proximité de cette région ; celui-ci accepta sans examen leur renseignement, et il prépara sa descente pendant que le vent continuait à le pousser vers la mer. La descente s'effectua heureusement, et le pilote, tout entier à la manœuvre de son lest, ne faisait pas grande attention au paysage ; il descendit, d'ailleurs, en pleine terre et à une distance notable du rivage. Pourtant, au cours de la descente, comme il jetait un coup d'œil vague sur la région quelque chose le surprit : au milieu de la baie vers laquelle le vent le poussait, on distinguait deux îlots dont l'un paraissait désert et dont l'autre était couvert de constructions et, en particulier, d'un édifice très élevé et qui semblait être d'une architecture ogivale remarquable produisant de loin un effet merveilleux. Le pilote ne connaissait rien de semblable à l'embouchure de la Loire, mais il se dit qu'après tout ses connaissances géographiques étaient peut-être insuffisantes. Après l'atterrissage, des habitants se présentèrent, comme toujours, et l'une des premières questions des aéronautes fut pour savoir le nom du village le plus proche, nom complètement inconnu des voyageurs comme il arrive généralement. Pour faciliter les recherches sur la carte du point exact de l'atterrissage, on demanda le nom {du département. « C'est la Manche » répondit-on. Grand émoi des aéronautes ; l'un d'eux commença même à traiter de haut les habitants, les accusant de vouloir se moquer d'eux, car il savait de source certaine qu'ils ne pouvaient être que dans la Loire-Inférieure. Il fallut bien se rendre à l'évidence et constater que l'estuaire dont la vue avait provoqué la descente était non pas l'embouchure de la Loire, mais la baie du Mont Saint-Michel, située notoirement à droite. Voilà comment à la suite d'une erreur initiale, et guidé par des idées préconçues, on arrive à se fourvoyer complètement, tout en reconnaissant au cours du voyage tous les points remarquables au-dessus desquels on croit être passé.

Cette petite anecdote prouve, en outre, que les aéronautes novices étaient tombés dans la deuxième erreur à laquelle on peut s'exposer, en traçant d'après la carte la route parcourue. Ils avaient, pendant le voyage, reconnu ou cru reconnaître un grand nombre de points au-dessus desquels ils étaient passés ; chaque fois, évidemment, ils avaient commis une erreur. Cela tient à ce qu'ils n'avaient pas été assez exigeants pour l'identification de la carte et du terrain. En France, et dans tous les pays civilisés, les cartes sont suffisamment parfaites pour que leur ressemblance avec le terrain soit d'une exactitude rigoureuse : on ne doit pas plus hésiter à reconnaître d'après la carte une région au-dessus de laquelle on passe, qu'on n'hésite à reconnaître une personne dont on possède la photographie. Si on trouve que le terrain ne ressemble pas à la carte, on peut avoir l'idée que la carte est mal faite et croire qu'on se trouve réellement au-dessus du point de la carte où l'on suppose être : en fait, on a toujours tort de raisonner ainsi ; si la carte et le terrain ne se ressemblent pas parfaitement, c'est qu'ils ne correspondent pas à la même région ; il faut chercher autre chose, et dans cette identification se montrer très méticuleux.

Quand par exemple on arrive au-dessus d'un nœud de chemin de fer que l'on croit connaître, si d'après la carte on voit cinq lignes y aboutir et que sur le terrain il n'y en ait que quatre, on peut être absolument certain que les deux points ne sont pas identiques... S'il se trouve une ligne de plus sur le terrain que sur la carte, on pourra, à la rigueur, supposer que celle-ci est ancienne et antérieure à la construction de la ligne la plus récente ; ces cas-là sont très rares, à moins qu'on ne prenne intentionnellement des cartes antédiluviennes. Si par hasard on se trouve en pareille occurrence (cela m'est arrivé une fois en tout dans mes ascensions) un indicateur des Chemins de fer récent permet de lever les doutes. De plus, si l'on possède des cartes à grande échelle, on peut identifier d'après leur forme les lignes existantes moins une avec celles qui sont tracées sur la carte. En général, il faut être très exigeant pour les identifications. Il ne doit manquer sur le terrain ni sur la carte aucun détail de quelque importance, route, ruisseau, etc. ; s'il s'agit d'une carte à grande échelle, il faut vérifier que les formes des villages, celles des contours des forêts, les incurvations des cours d'eau, les îlots qui peuvent s'y trouver, les ponts, etc., sont identiques sur la carte et sur le terrain ; une discordance pour un seul détail doit inspirer des doutes, qui neuf fois sur dix vous amèneront à rejeter l'identification, et à chercher ailleurs le point de la carte.

Cas où l'on perd de vue la terre. — Dans ce cas la difficulté augmente notablement. Tout le temps que la terre reste cachée, on ne peut évidemment faire de rapprochement entre la carte et le sol ; on va donc à l'aventure.

Par l'estime et par différents indices, il est possible de se faire une idée approximative de la route suivie. Il m'est arrivé, par exemple, sortant de Meudon en ballon, de perdre la terre de vue au-dessus du parc Montsouris, de l'apercevoir un instant une ou deux heures après et de reconnaître sans aucun doute la ville de Meaux par sa cathédrale et la forme caractéristique de la Marne et du canal dans les environs. Le ballon s'élevant ensuite, je me trouvai au-dessus d'une admirable mer de nuage ; à un moment donné nous entendîmes un murmure confus montant de terre, semblable à celui qu'on perçoit en passant au-dessus d'une ville de quelque importance. D'après la direction suivie, je pensai que c'était Reims ou Epernay, mais plus probablement Reims en raison de l'intensité du bruit. En effet, lorsque nous descendîmes une heure plus tard, nous nous trouvions au-delà de Reims dans les plaines de Champagne, à la limite des départements de la Marne et des Ardennes.

Mais cette façon de se reconnaître ne réussit pas toujours. Il m'est arrivé aussi de perdre la terre de vue au-dessus des fortifications de Paris vers Montsouris ou Vaugirard. Nous entrâmes dans les nuages, et entendîmes pendant quelque temps au-dessous de nous, le bruit caractéristique de la capitale. Puis ce bruit diminua et fut bientôt dominé puis remplacé par celui d'une fusillade assez nourrie. Nous conclûmes, naturellement, que nous passions au-dessus d'un polygone de tir d'infanterie, qui, d'après la direction suivie, devait être celui de Vincennes. Ensuite le bruit cessa, et nous n'eûmes plus sous nous que ce calme relatif indiquant que nous étions non pas au-dessus de la vraie campagne, mais au-dessus de la banlieue parisienne.

Au bout de deux heures, je provoquai une descente pour revoir la terre, et au sortir des nuages nous aperçumes une rivière assez large, et, sur un mamelon voisin, un fort datant, d'après son mode de construction, de l'époque de Louis-Philippe ; la rivière devait être, sans doute, la Marne, et je cherchai sur son cours, au moyen d'une carte à grande échelle, quel était celui de ces forts qui ressemblait le plus à celui que nous voyions sous la nacelle. Pour aucun d'eux l'examen ne fut satisfaisant, et il y avait à cela une raison excellente, c'est que le cours d'eau placé sous nos pieds était la Seine, et que le fort n'était autre que le Mont-Valérien. Au lieu d'aller vers l'Est nous avions donc marché vers le Nord avec une lenteur extrême. Je sus depuis que les coups de fusil que nous avions entendus provenaient d'un stand militaire installé récemment dans les fossés des fortifications aux environs d'Auteuil.

Une autre fois, des aéronautes sortant de Meudon se dirigèrent franchement vers le Sud, et perdirent la terre de vue ; quelques heures après, sortant des nuages pour descendre, ils aperçurent un pays découpé de cours d'eau plus eu moins marécageux, et d'après la direction suivie ils pensèrent se trouver au Sud de la Loire, en Sologne ; l'un d'eux qui avait chassé dans le pays, assurait même reconnaître fort bien son aspect général. En réalité, le vent ayant complètement changé au cours du voyage, les aéronautes se trouvaient dans la vallée de la Somme.

Ces exemples prouvent péremptoirement que lorsqu'on perd de vue la terre, on ne peut compter en rien sur la direction suivie. La présence de fortes couches de nuages est, en effet, souvent accompagnée de changements de vent aux différentes hauteurs. La vérité, c'est que si l'on reste quelque temps sans apercevoir la terre, on ne sait plus où l'on est. La prudence la plus élémentaire, surtout lorsqu'on part d'un point qui comme Paris est éloigné de la mer de 150 kilomètres seulement, veut qu'on ne reste jamais longtemps sans voir la terre. Aussi le Colonel Renard ordonnait-il d'une façon formelle aux aéronautes militaires partant de Chalais, de redescendre pour voir la terre au minimum toutes les deux heures, et par les vents rapides de faire cette manœuvre toutes les heures.

Point en ballon. — Depuis plusieurs années, on s'est préoccupé de la manière de calculer en ballon sa longitude et sa latitude au moyen de l'observation des astres, comme on le fait dans la navigation maritime. On peut dire aujourd'hui que ce problème est résolu, et que les aéronautes qui le désirent peuvent employer ce procédé. Dans les méthodes élaborées, on n'a pas cherché à obtenir une précision rigoureuse, on s'est contenté de fixer le point à 10 ou 20 kilomètres près. Mais ce qu'on a voulu obtenir, c'est la rapidité des calculs servant à déterminer le résultat cherché. Etant donnée en effet la vitesse que peuvent prendre les aérostats, il ne servirait de rien d'avoir le point à un hectomètre près, si pendant qu'on fait les calculs, le vent vous emmenait à 50 kilomètres du lieu d'observation ; il faut donc se contenter d'une approximation plus grossière, et être renseigné en quelques minutes.

Quand ces méthodes seront entrées dans la pratique, on pourra se dispenser de descendre exprès pour voir la terre. Mais elles ne seront applicables que lorsqu'on dominera les nuages ; toutes les fois qu'on sera plongé dans la masse de ceux-ci sans voir le firmament plus facilement que la terre, il faudra en revenir à la règle de prudence élémentaire qui consiste à ne pas rester longtemps sans revoir le sol.

Fin de la navigation normale. — La décision la plus importante que l'aéronaute-commandant ait à prendre en cours de route, est de déterminer le moment du passage de la navigation normale à la phase de descente. Deux sortes de considérations peuvent dicter sa résolution.

Sans s'occuper d'ordinaire à tracer lui-même la route, il doit être constamment au courant du trajet suivi, et de temps en temps vérifier que l'aéronaute chargé de la route ne commet pas d'erreur. Il lui est nécessaire, en outre, d'avoir une connaissance géographique générale du pays qu'il peut parcourir, être renseigné sur les régions où la descente présenterait des difficultés spéciales (marécages, montagnes, forêtes, grandes agglomérations d'habitations ou d'usines, lignes électriques de lumière ou de force motrice, etc.) Au moyen d'une carte à petite échelle il doit toujours se rendre compte de la distance où il se trouve de la plus proche région dangereuse ou incommode. S'il est dans le voisinage de la mer, il lui faut évidemment connaître la distance du rivage le plus rapproché dans la direction suivie et les contours de celui-ci. D'autre part, l'aéronaute chargé de la route doit lui donner le chiffre de la vitesse parcourue chaque fois qu'il peut le relever d'après l'observation du passage au-dessus de deux points reconnus avec précision. En principe cette vitesse doit être calculée au moins une fois par heure, et il appartient au pilote de rappeler à l'ordre s'il y a lieu l'aéronaute chargé du tracé de la route.

L'aéronaute-commandant devra décider la descente quand il approchera d'une région dans laquelle il ne veut pas atterrir, et qu'il croit ne pouvoir pas traverser en se maintenant à grande hauteur. Il faut pour cela connaître exactement l'étendue à parcourir en avant de la région dangereuse, se rendre compte, d'après la vitesse précédemment calculée du temps qu'il faudra pour ce trajet, et voir s'il lui reste la quantité de lest nécessaire pour manœuvrer pendant cette durée. Cette quantité peut s'estimer approximativement d'après la consommation antérieure, en tenant compte s'il y a lieu des conditions météorologiques pouvant diminuer ou augmenter la dépense de lest ; cette appréciation est très délicate et exige de la part de l'aéronaute-commandant une grande expérience. S'il n'est pas très sûr de sa compétence sous ce rapport, il fera bien d'être très prudent. — Tel est le premier ordre d'idées qui pourra déterminer le commandant d'un aérostat à effectuer sa descente : c'est quand il voudra atterrir dans une région déterminée.

En général ce n'est pas cet ordre de considérations qui le guide. Dans la plupart des ascensions, il descend uniquement (nous admettons toujours implicitement que le but est de faire le plus long voyage possible) parce que sa prévision de lest est épuisée. A ce moment il ne peut plus combattre les mouvements de descente ; par conséquent il est obligé de se laisser aller jusqu'à terre d'après ce que nous avons vu au paragraphe I (n° 12).

Doit-il attendre que sa provision de lest soit totalement épuisée ? Évidemment non, car il lui faut une certaine réserve de lest pour effectuer sa descente et les manœuvres d'atterrissage. Quelle doit donc être la quantité de lest réservée dans ce but ?

Réserve de lest. — Cette réserve se divise en deux parties, la première destinée, comme nous le verrons au paragraphe suivant, à modérer la vitesse de descente : nous l'appellerons la réserve ou le lest de descente ; — la deuxième partie est destinée aux manœuvres à faire pour l'atterrissage ; nous l'appelierons réserve finale, ou bien encore réserve ou lest d'atterrissage.

La réserve de descente est variable suivant le volume du ballon, suivant l'altitude atteinte et l'état de l'atmosphère.

Dans la pratique il faut réserver pour la descente une quantité de lest proportionnelle à l'altitude maxima que l'on peut atteindre ; d'après ce que nous avons vu, lorsque, comme c'est le cas général, on ne possède pas de ballonnet, l'altitude des zones d'équilibre en navigation normale va toujours en s'élevant, si bien que l'altitude maxima est celle qui correspond à la fin de cette période. C'est ce qu'on exprime souvent en disant que plus un ballon est haut, plus il est près de la fin de son voyage.

Comme en pareille matière il est absolument impossible de chercher une approximation absolue, on se borne à évaluer l'altitude en kilomètres en négligeant les fractions de demi kilomètre en dessus ou en dessous ; une altitude de 1 400 mètres comptera pour un kilomètre et une de 1 700 pour 2 kilomètres. Cette altitude, ainsi exprimée par les chiffres 0, 1, 2, 3, 4, etc., devra être multipliée par un chiffre qui varie suivant la force ascensionnelle totale du ballon, et l'état de l'atmosphère. Le tableau suivant peut en donner une idée.

Etat de l'atmosphère	Quantité de lest à réserver par kilom. d'altitude, exprimée en centièmes de la force ascensionnelle totale
1° Temps absolument sec et serein depuis le niveau du sol jusqu'à la limite supérieure de l'atmosphère.	0 0/0
2° Temps légèrement brumeux.	2 »
3° Brume assez épaisse, ou atmosphère humide et transparente sous une couche de nuages continue et plus élevée que la hauteur maxima à atteindre	4 »
4° Nuages abondants, répandus dans l'atmosphère à la hauteur de l'aérostat ou au-dessous	6 »
5° Couche nuageuse continue ayant plusieurs centaines de mètres de hauteur que l'aérostat ne peut arriver à dominer . .	8 »
6° Couche nuageuse d'un kilomètre d'épaisseur ou davantage que l'aérostat a pu dominer, sous un ciel pur, et qu'il devra traverser en descendant	10 pour cent

Si, par exemple, il s'agit d'un ballon de 1 000 m. cubes gonflé de gaz d'éclairage, c'est-à-dire ayant une force ascensionnelle totale de 700 kilogrammes, on devra conserver comme lest de descente : dans le premier cas 14 kilogrammes par kilomètre, dans le deuxième cas 28 kilogrammes par kilomètre, et 70 kilogrammes par kilomètre de hauteur dans le dernier cas. Ces chiffres sont plutôt élevés et calculés pour les pilotes un peu novices ; lorsqu'ils auront acquis une certaine habileté, ils pourront les diminuer dans une certaine proportion jusqu'à 20 ou

30 p. 100 de leur valeur. Il ne serait pas prudent de les réduire davantage.

Le lest d'atterrissage est destiné à éviter, au dernier moment, de descendre sur des obstacles dangereux, maison, clocher, arbre, etc. On peut le fixer d'une manière générale entre 3 et 6 p. cent de la force ascensionnelle totale. Pour le ballon qui nous occupe, ce serait donc de 21 à 42 kilogrammes, en chiffre rond de 20 à 40. Ici le coefficient varie non pas suivant l'état plus ou moins nuageux de l'atmosphère, mais suivant la vitesse du vent dans la région basse. Plus le vent est rapide, plus il est indispensable de conserver de lest pour les manœuvres d'atterrissage. Au début du voyage, l'aéronaute doit se rendre compte de l'altitude maxima qu'il peut atteindre, apprécier les circonstances atmosphériques, et fixer d'après ces considérations la quantité de lest de descente et de lest d'atterrissage, qu'il range soigneusement à part. Il doit en conserver le chiffre dans sa tête, ou l'indiquer à l'aéronaute chargé de tenir le livre de bord ; en un mot prendre toutes les précautions possibles pour être informé exactement du moment où il ne lui restera plus que le lest de réserve.

Tenue du livre de bord. — Pendant la navigation normale, le livre de bord devra contenir les indications suivantes :

1° A intervalles réguliers, de 5 en 5 minutes ou de 10 en 10 minutes, l'altitude lue directement sur le cadran extérieur du baromètre ; si l'on est muni d'un baromètre enregistreur on peut se dispenser de cette inscription.

2° A intervalles plus éloignés, une fois par heure

par exemple, la lecture de tous les baromètres portés par les aéronautes et celle du thermomètre fronde. Ces données permettent de calculer un certain nombre de points exacts du diagramme d'altitude.

3° Chaque fois que l'aéronaute chargé de la manœuvre du lest entamera un nouveau sac, il devra en avertir celui qui tient le livre de bord. Celui-ci notera l'heure, l'inscrira sur le livre et portera en regard la quantité de lest restante. Cette quantité sera égale au produit du nombre des sacs pleins par le poids supposé uniforme du sable contenu dans chaque sac, un sac entamé étant compté pour rien.

Si l'aéronaute chargé de la tenue du livre de bord connaît la quantité de lest fixée pour la réserve, quand le lest restant sera égal à cette quantité, il en avertira l'aéronaute-commandant.

4° Quand on passera au-dessus de points faciles à identifier avec la carte, on inscrira au livre de bord l'heure du passage, et en regard l'indication du point. La manière la plus claire et la plus simple de le faire est de porter sur le livre une lettre que l'on reproduira au crayon sur la carte à l'emplacement correspondant. On devra signaler ainsi au minimum trois points par heure, à moins qu'on ne perde la terre de vue

5° Chaque fois que l'on aura ainsi noté un point de passage, on mesurera sur la carte sa distance en ligne droite au point précédent, et on calculera ainsi la vitesse. Celle-ci sera généralement exprimée en kilomètres à l'heure ; pour la trouver, il suffira de diviser la distance lue sur la carte par le nombre de minutes écoulées depuis le passage au point précédent, et de multiplier ce quotient par 60. — Si, par exemple, on est passé à 10 h. 35 au-dessus du point

A et à 11 h. 2 au-dessus du point B, il s'est écoulé 27 minutes entre les deux passages. Si la distance entre les deux points, d'après la carte, est de 18 kilomètres, la vitesse à l'heure sera égale à :

$$\frac{18 \times 60}{27} = 40$$

La vitesse doit être calculée, dans la pratique à 100 mètres près.

Dès que cette vitesse est calculée, on doit la faire connaître à haute voix à l'aéronaute-commandant, et l'inscrire au livre de bord en regard de l'heure correspondant au dernier point marqué.

6° Enfin on notera toutes les circonstances qui peuvent être intéressantes, telles que l'entrée dans les nuages, le moment où l'on en sort soit en montant soit en descendant, les changements de fonctions entre les aéronautes s'il y a lieu, etc. Il sera indispensable, en particulier, d'indiquer l'heure à laquelle on est passé d'une phase à l'autre.

CHAPITRE VI

Descente.

Cette phase de l'ascension comprend toute la partie qui s'écoule depuis le moment où l'on a renoncé à la navigation normale et où l'on a décidé de se rapprocher de terre, jusqu'à celui où l'aérostat prend le contact du sol.

Cette période ne commence donc pas au moment où l'on descend définitivement, mais à l'instant où l'aéronaute-commandant a décidé que la navigation normale était terminée.

Opérations préliminaires. — Au moment où cette décision est prise, on doit vérifier avec soin sa quantité de lest ; de plus, on déterminera approximativement d'apres la carte l'altitude du terrain sous-jacent, de manière à n'avoir pas de surprise si l'on rencontre la terre à une hauteur notable au-dessus du niveau de la mer.

On doit aussi avoir le plus grand soin de ranger tous les objets inutiles, et d'enfermer dans des soutes, si l'on en possède, et en tout cas de maintenir fixement tous les objets fragiles, notamment les verres, bouteilles qui ont pu servir au repas. Il faut, en effet, s'attendre à subir dans les phases qui vont suivre quelques chocs, bien qu'un aéronaute habile sache généralement les éviter. Ces chocs n'ont, la plupart du temps, aucun inconvénient par eux-mêmes, et il serait déplorable d'être blessé en pareil cas par un morceau de verre ou tout autre objet du même genre, quand il est si facile d'éviter ces accidents. Un aéronaute doit évidemment avoir du courage et du sang-froid ; mais ce n'est pas du courage, c'est une négligence coupable que de s'exposer à des accidents bêtes.

Il faut que l'aéronaute chargé de la manœuvre du lest ait ouvert d'avance un ou plusieurs sacs de lest de manière à pouvoir les vider rapidement, car on est souvent amené à faire des projections réitérées. Un des aides doit, au besoin, se tenir prêt à lui passer sur sa demande des sacs déliés, et même à jeter du lest sur son ordre.

Il est en général inutile de provoquer la descente. — Si, comme nous le supposons toujours, le seul but est de prolonger le voyage le plus possible, et si l'on a aucune raison de faire autrement, il est absolument inutile de provoquer la descente par un coup de soupape. Un ballon abandonné à lui-même finit toujours par descendre, et, comme il est dit au § I (nos 12, 13 et 14) à partir du moment où il descend il s'arrête généralement plus. Lors donc qu'on a décidé que la descente commence, il n'y a qu'une chose à faire, c'est d'observer le baromètre. Mais cette fois, — nous le verrons tout à l'heure, il y a lieu de l'observer à des intervalles réguliers. Le meilleur intervalle est la demi-minute, et pour éviter des erreurs il faut attendre, avant de faire la première observation, que l'aiguille des secondes marque 0 ou 30 ; c'est, d'ailleurs, une règle générale pour toutes les observations périodiques à faire en ballon, de les faire toujours à un nombre rond de minutes ou de secondes.

En général, après une période de stationnement plus ou moins longue, le ballon descendra, et une fois la descente commencée, elle ira, la plupart du temps en s'accélérant. Il y a, toutefois, des exceptions. Tandis qu'en marche normale on redoute les descentes et on les arrête dès qu'elles se dessinent, il semble parfois qu'un malin génie s'acharne à empêcher le ballon de descendre, lorsqu'on a pris la décision de se rapprocher du sol. La descente se dessine quelquefois pendant plusieurs centaines de mètres, puis s'arrête d'elle-même, et le ballon remonte. Ce fait se produit en particulier lorsqu'on est au-dessus d'une mer de nuages par un soleil resplendissant, et qu'on s'approche de la limite des nuages ; ceux-ci réflètent les rayons solaires, réchauffent le ballon et le font remonter. Si l'on s'impatiente, on peut en pareil cas donner un coup de soupape ; mais ce sera généralement inutile : après quelques oscillations semblables, on finit par descendre définitivement et par pénétrer dans la couche de nuages.

But de la manœuvre pendant la descente. — Le seul but qu'on se propose pendant la descente est de modérer la vitesse verticale de l'aérostat. Il y a à cela deux raisons.

La première est d'ordre physiologique : il vaut mieux pour l'organisme ne pas changer trop rapidement de pression ambiante ; on doit donc réduire la vitesse des mouvements verticaux. Celle des mouvements ascendants est en général faible, mais celle des mouvements descendants peut devenir considérable, et il est important de la limiter. Toutefois, pour la plupart des tempéraments, une descente un peu rapide ne présente pas d'inconvénients sérieux.

L'autre raison est simplement dictée par la prudence. Il faudra toujours finir par prendre le contact du sol. Dans ce cas, un choc plus ou moins désagréable ou même dangereux est possible. Ce choc résulte du mouvement de l'aérostat à la fin de sa descente. Ce mouvement a deux composantes : l'une horizontale, due au vent, sur laquelle on ne peut rien ; l'autre verticale, due à la vitesse de descente, dont l'aéronaute est maître dans certaines limites. En principe, on doit manœuvrer de telle sorte, qu'il n'y ait jamais de choc vertical ; l'aérostat doit donc descendre à une vitesse modérée. On ne saurait être trop affirmatif sous ce rapport : toutes les fois qu'une ascension se termine par un choc vertical de quelque importance, c'est que l'aéronaute-commandant ne connaît pas bien son métier. Les chocs horizontaux sont plus difficiles à éviter, parce que la vitesse à laquelle on aborde le sol n'est autre que la vitesse du vent, sur laquelle on n'a aucun moyen efficace d'agir pour la modérer. Mais en général, à vitesse égale les chocs horizontaux sont moins dangereux que les verticaux, parce que les obstacles heurtés se présentent presque toujours sous une incidence très oblique.

En cours de descente, l'aéronaute a donc un double problème à résoudre : il doit fixer la limite supérieure de la vitesse de descente ; il doit manœuvrer de manière à ne pas dépasser cette limite.

Choix de la vitesse de descente. — Ce choix est extrêmement simple. On doit en général fixer à 2 mètres par seconde la vitesse verticale. Avec une telle vitesse le choc vertical ne peut présenter aucun danger. On peut, dans les cas exceptionnels, tolérer davantage : 2 m. 50, 3 mètres, même 4 mètres. On le fera en particulier si pour une cause quelconque on craint une pénurie de lest, ou si l'on tient absolument à accélérer le mouvement afin de prendre terre en avant d'une zone que l'on croit devoir éviter. Mais, en principe, la vitesse de 2 mètres est la plus convenable, et l'on doit s'y tenir.

Si l'on se reporte au tableau nº I, placé à la fin de cet ouvrage, on verra à quelle force descendante correspond la vitesse de 2 mètres pour des ballons sphériques de différents volumes. En général, le poids du guide-rope doit être à peu près double de la force descendante susceptible de provoquer une vitesse de 2 mètres par seconde. Il en résulte que lorsqu'on descend à cette vitesse, le guiderope largué, comme cela doit presque toujours être, dès que celui-ci arrive au contact du sol, il allège l'aérostat en se déposant à terre, et lorsqu'il est déposé de la moitié de sa longueur, l'aérostat se trouve allégé d'une quantité égale à sa force descendante. Par conséquent, il se maintient en équilibre, la moitié du guide-rope pendant, et l'autre moitié traînant, ce qui, — nous le verrons plus loin, — est favorable au guide-ropage.

Moyens de limiter la vitesse de descente. — La vitesse étant ainsi choisie, on doit observer le baromètre à des intervalles réguliers, de 30 en 30 secondes par exemple, et noter chaque fois la lecture faite sur le cadran d'altitude. Le livre de bord doit contenir un certain nombre de pages préparées pour la descente. A partir de la deuxième observation, ce-

lui qui tient le livre de bord doit calculer immédiatement la différence entre la dernière altitude cons-
tatée et l'avant dernière, et inscrire cette différence
sur le carnet. Il l'annonce sans retard à haute voix.
Le pilote chargé de la manœuvre du lest règle ses
projections uniquement d'après ces indications. L'intervalle des observations étant de 30 secondes, si la
vitesse est inférieure à 2 mètres, la différence entre
deux observations successives est inférieure à 60 mètres ; si elle est égale à ce chiffre, c'est que la vitesse
est de 2 mètres ; si elle est supérieure à 60 mètres,
c'est que la vitesse de descente dépasse 2 mètres.

La règle de manœuvre est fort simple ; elle doit
être appliquée avec une régularité mathématique,
absolument brutale. Quand la vitesse annoncée est
égale ou inférieure à 60 mètres par 30 secondes,
l'aéronaute ne fait rien. Si, au contraire en une demi
minute on baisse de plus de 60 mètres, quel que
soit l'excédent constaté, il jette une ration de lest.
Cette ration est la même que celle qu'il y a lieu
d'adopter pendant la navigation normale, de manière que l'aéronaute soit habitué à la projeter sans
avoir à faire aucun calcul ou aucune réflexion.

En appliquant cette manœuvre à la lettre on pourra, suivant les circonstances, être amené à ne pas jeter de lest au cours d'une descente, ou à en jeter de
temps en temps une ration, ou d'autres fois deux ou
plusieurs de suite ; cela dépend absolument des conditions atmosphériques. Mais, quelles que soient
ces circonstances, en appliquant toujours la règle on
arrivera à maintenir la vitesse dans les limites
voulues. Il faut remarquer en effet que cette ration
est notablement inférieure à celle qui correspond à
l'alourdissement nécessaire pour avoir une vitesse de

descente de 2 mètres. Avec un ballon de 1 000 mètres cubes gonflé au gaz d'éclairage, par exemple, dont la force ascensionnelle totale serait de 700 kilogrammes, la ration de lest indiquée au chapitre V est de 5 kilogrammes. D'autre part, en se reportant au tableau n° I, on voit qu'un ballon de 1 000 mètres descend à la vitesse de 2 mètres par seconde quand il est alourdi de 15 kg. 4 ; par conséquent la ration de lest n'est guère que 1/3 de la force descendante. On est donc sûr, en se bornant à jeter cette fraction, de ne pas arrêter le mouvement de descente ; c'est ce qu'on désire. D'un autre côté, si cette première projection est insuffisante on en fera une seconde au bout d'une demi-minute. A moins qu'on ait un alourdissement tout à fait extraordinaire, il arrivera certainement qu'au bout de quelques projections on aura ramené la vitesse à la limite fixée.

On aurait certainement pu, d'après la vitesse de descente observée, calculer la force descendante correspondante. Si par exemple, avec le ballon qui nous occupe, on avait observé 90 mètres en 30 secondes, soit une vitesse de 3 mètres, en se reportant au tableau on aurait reconnu que cette vitesse correspond à un alourdissement de 34 kg. 6. Comme celui qui est nécessaire pour provoquer la vitesse de 2 mètres est seulement de 15 kg. 4, en projetant la différence, soit 19 kg. 2 on aurait réduit la vitesse de 3 mètres à 2 mètres. Mais tout cela aurait exigé un certain temps, et on aurait pu commettre des erreurs : aussi doit-on préférer la méthode extrêmement simple des projections successives.

Pour appliquer cette méthode avec toute sa régularité, le concours de trois personnes est utile. La première est chargée d'observer la montre et d'avertir chaque 30 secondes. A cet effet, conformément au Conseil que nous avons toujours donné pour éviter des erreurs de calcul, on ne commencera les observations que lorsque l'aiguille des secondes marquera o ou 30. Si par exemple, la descente commence à 10 h. 25 m. 7 s. on fera la première observation à 10 h. 25. 30 s. et la deuxième à 10 h. 26 m., et ainsi de suite.

L'aéronaute chargé de la montre doit, lorsque l'aiguille des secondes arrive au chiffre 25 ou au chiffre 55, prononcer le mot « Attention » ; pendant les 5 secondes suivantes, il ne quitte pas des yeux l'aiguille des secondes et prononcer la syllabe « top » lorsqu'elle arrive au 30 ou au o. L'observateur de la montre ne doit sous aucun prétexte détourner son attention, car s'il omettait par mégarde une observation, il induirait en erreur le second aéronaute, qui constatant par exemple une descente de 90 mètres en une minute, vitesse inférieure à 2 mètres par seconde, pourrait croire que cette descente s'est produite en une demi minute, correspondant par conséquent à 3 mètres, ce qui motiverait une projection de lest absolument inutile et, par conséquemment, nuisible.

Le deuxième observateur est chargé du baromètre. Lorsque le premier observateur, chargé de la montre, prononce le mot « attention », il regarde son instrument, s'assure d'un coup d'œil que le cadran extérieur (altitude) est bien à sa place, c'est-à-dire n'a pas tourné par rapport au cadran intérieur (pression). Il tape avec le bout des doigts sur le cadran de petits coups continus, et suit l'aiguille des yeux. Au moment où son compagnon chargé de la montre prononce la syllabe « top », il lit l'altitude correspondante à 10 mètres près (il serait illusoire de chercher une précision plus grande) et il l'annonce à haute voix. Il inscrit ensuite immédiatement ce chiffre sur le carnet de route, calcule la différence avec l'altitude précédente, et inscrit cette différence. Il annonce à haute voix cette différence au moment où il l'inscrit. Cette opération faite, il est libre d'avoir des distractions jusqu'à ce qu'on prononce de nouveau le signal préparatoire « d'attention » et il peut profiter de ce répit pour observer la route, faire des inscriptions sur le carnet, et surtout regarder la mèche (extrémité inférieure) du guide-rope.

Le troisième opérateur, qui est l'aéronaute-commandant ou le pilote de service, est chargé de la manœuvre du lest. Ainsi que nous l'avons vu plus haut, ce rôle consiste uniquement à jeter une ration de lest quand la vitesse de descente est supérieure à la limite fixée. Cette opération est tellement importante, qu'on doit éviter avec soin toute cause d'erreur. Aussi le pilote doit-il écouter les altitudes successivement énoncées afin de voir si celui qui observe le baromètre et tient le carnet de bord, ne se serait pas par hasard trompé dans le calcul de ces différences. Si, par exemple, après avoir annoncé 800 mètres d'altitude, puis 730, on n'annonce que 60 mètres de différence, il faut le signaler à celui qui tient le carnet en l'invitant à vérifier s'il n'y a pas d'erreur.

En cas de pénurie de personnel, on peut, sans trop de difficultés, faire ces observations à 2, l'un étant chargé de l'observation de la montre et de la tenue du carnet, l'autre de l'observation du baromètre et des projections de lest.

Lorsqu'on est seul, on se tire d'affaire comme on

peut. Dans ce cas le mieux est de se contenter de faire les observations de minute en minute ; on tolérerait alors 120 mètres de descente entre deux observations. La première fois qu'on jette du lest après un intervalle d'une minute on se contente d'en jeter une ration, mais lorsque deux ou plusieurs projections de lest consécutives sont nécessaires, il est préférable de jeter deux rations à chaque minute.

Quoi qu'il en soit, dès que la descente a été décidée tout le monde doit se dire que la préoccupation principale est d'en régler la vitesse. Tout doit donc être subordonné à l'observation régulière de la montre et du baromètre, à l'inscription des altitudes et au calcul des différences. Il n'est pas mauvais qu'une certaine solennité accompagne ces descentes ; les conversations particulières et oiseuses seront évitées et les passagers devront être invités par le commandant, s'il est nécessaire, à ne rien faire qui puisse troubler les observations. Les descentes ainsi comprises présentent d'ailleurs un charme particulier ; c'est certainement la partie la plus poétique des voyages en ballons libres, surtout lorsqu'elle s'opère vers le soir, au sein d'une nature calme et reposante. C'est donc, au point de vue même de leur agrément personnel rendre service aux passagers que les forcer à goûter en paix ces émotions inoubliables.

L'emploi d'un statoscope dont les indications sont bien connues peut faciliter les manœuvres de descente en donnant immédiatement une idée de la vitesse, et en permettant de se rendre compte approximativement si elle dépasse ou non la limite fixée ; ce sera particulièrement utile lorsque l'aéronaute commandant ne pourra pas se faire aider par ses compagnons de voyage. Mais je préfère comme plus sûre l'observation simultanée de la montre et du baromètre.

Comparaison des modes de manœuvre du lest en navigation normale et en descente. — Si l'on se reporte à ce que nous avons dit au chapitre V, à propos de la manœuvre du lest par projections successives au cours de la navigation normale, on pourra croire au premier abord que ces deux manœuvres sont identiques. Elles se ressemblent, en effet, en ce que l'aéronaute projette une ration de lest chaque fois qu'il le juge nécessaire et que, suivant les indications du baromètre il peut être appelé à faire une seule projection ou plusieurs de suite ; mais là s'arrête la similitude des deux manœuvres. Il y a, en effet, entre elles une différence capitale, c'est la manière de tirer des observations du baromètre la conclusion qu'il faut ou ne faut pas jeter de ration de lest.

Dans la navigation normale, le but est d'arrêter un mouvement de descente, par conséquent de jeter du lest jusqu'à ce que l'on ait équilibré complètement la force descendante. Aussi, on sacrifie une ration de lest tant qu'on constate que la descente se prolonge, mais pour éviter le gaspillage et surtout pour se donner le temps d'observer l'effet des projections précédentes, on opère à des altitudes régulièrement espacées ; le plus souvent on choisit pour cet espacement 50 mètres. Chaque fois qu'au cours de la descente on arrive à une altitude qui est un multiple exact de 50, on projette une ration. Si on descend encore de 50 mètres plus bas c'est qu'on n'en a pas assez jeté, et on fait une nouvelle projection : on arrive ainsi, après une descente d'une hauteur variable, à équilibrer complètement la force descendante, et, après un stationnement à une altitude minima, on remonte à une nouvelle zone d'équilibre : on risque par ce procédé de jeter une ration de trop et pas davantage.

Au cours d'une descente, au contraire, on ne s'inquiète pas, pour régler ses projections de lest, de la hauteur perdue depuis la manœuvre précédente ; on s'inquiète uniquement de la vitesse moyenne de descente depuis la dernière observation. Aussi, quand cette vitesse dépasse la limite fixée, on jette une ration de lest ; dans le cas contraire, on ne fait aucune manœuvre. Comme la ration est notoirement insuffisante pour équilibrer la force descendante qui correspond à la vitesse tolérée, on est certain de ne pas annuler cette force et, par conséquent, de continuer à descendre. Ce que l'on cherche, et ce à quoi l'on arrive, c'est d'empêcher la vitesse verticale de dépasser une valeur déterminée.

Dans la manœuvre de navigation normale on use une quantité plus considérable de lest pour descendre d'une hauteur déterminée, car on en sacrifie systématiquement une ration chaque fois qu'on passe par une cote ronde d'altitude de 50 en 50 mètres. En manœuvre de descente, au contraire, on peut ne pas jeter de lest du tout pour arriver jusqu'au sol, si la vitesse se maintient constamment inférieure à la limite fixée. On en jette la quantité maximum lorsque la vitesse se maintient constamment supérieure à cette limite, ce qui est absolument exceptionnel ; et dans ce cas la quantité totale est moindre que pendant une descente réglée, puisque pratiquement on ne jette une ration que pour des différences d'altitude de 70 mètres au moins et souvent davantage, au lieu de les jeter régulièrement à chaque différence de 50 mètres.

Quoi qu'il en soit, ces deux méthodes de manœuvre imaginées par le colonel Renard, ont donné dans le service de l'Aérostation Militaire des résultats excellents. Ils sont faciles à pratiquer pour des aéronautes novices, et leur permettent d'atteindre à coup sûr le but cherché, soit d'arrêter sans dépense exagérée de lest le mouvement de descente en cours de navigation normale, soit de modérer la vitesse de ce mouvement en période de descente.

Inscriptions au livre de bord. — Ainsi que nous l'avons dit, la grosse affaire pendant la descente est de régler la descente verticale ; on doit tout sacrifier à cette considération. Les inscriptions à faire au Livre de bord consisteront donc essentiellement dans les chiffres d'altitudes et de différences d'altitudes dont nous avons parlé. Si l'on a le temps de porter quelques autres indications relatives à la route ou aux circonstances météorologiques, on devra évidemment le faire, mais il ne faut pas hésiter à s'en abstenir si on risque de nuire à la régularité des observations périodiques.

D'ailleurs une descente de 2 000 mètres de hauteur réglée à 2 mètres par seconde exigera environ 1 000 secondes, généralement un peu plus, c'est-à-dire environ une demi-heure. Si l'on a bien observé avant la descente le point où l'on se trouve, on n'aura pas beaucoup d'hésitation pour se reconnaître lorsque la descente sera terminée.

Fin de la période de descente. — La phase de descente prend fin dès qu'on s'aperçoit que le guide-rope commence à toucher le sol. Celui des aéronautes qui s'en aperçoit le premier doit le signaler à haute voix immédiatement. A partir de ce moment la période de descente est terminée et une phase nouvelle commence.

CHAPITRE VII

Guide-ropage.

On donne ce nom à la période de l'ascension pendant laquelle on laisse traîner à terre une partie plus ou moins longue d'une corde pendante appelée guiderope. Cette phase de l'ascension présente un caractère tout à fait spécial, et fort avantageux d'ailleurs, c'est que la stabilité est bilatérale.

Lorsque, en effet, un ballon est en équilibre sur son guide-rope et qu'il vient à s'alourdir, il dépose un certain poids de corde, et lorsque ce poids supplémentaire déposé est égal à la force descendante, l'équilibre est rétabli. S'il vient, au contraire, à s'alléger, il enlève un poids de corde, et l'équilibre se rétablit de nouveau quand le poids supplémentaire enlevé est égal à la force ascendante. On jouit donc pendant la marche au guide-rope de la stabilité dans les deux sens. Cette stabilité est limitée d'une part au contact du sol, et d'autre part, au moment où la force ascensionnelle est suffisante pour permettre d'enlever le guide-rope en entier et de le détacher du sol.

Si on donne au guide-rope un poids égal à environ 4 p. 100 de la force ascensionnelle totale, ces limites sont assez étendues, et on peut compter dans la pratique sur une stabilité d'une certaine durée.

Orientation de l'aérostat. — Nous avons vu, en parlant des périodes précédentes, que lorsqu'un aérostat a perdu tout point de contact avec le sol, son orientation n'est pas assurée ; il peut, sous les influences les plus minimes, tourner autour de son axe vertical. Il n'en est plus de même lorsque le guide-rope a touché ; il frotte alors sur le sol, et ce frottement exerce une certaine traction sur la nacelle, si bien que le point d'attache du guide-rope est toujours en arrière ; par conséquent le côté de la nacelle opposé à ce point de l'attache se trouve être à l'avant. Comme la manœuvre pendant le guide-ropage consiste essentiellement à éviter tout contact dangereux avec les obstables qui peuvent surgir sur la route parcourue, c'est à l'avant que doit toujours se placer le pilote afin de voir venir les arbres, maisons, etc., qu'il devra éviter.

Avantages du guide-ropage. — La plupart des aéronautes trouvent le guide-ropage très intéressant ; un ballon au guide-rope est un balcon qui se promène, et il est souvent fort agréable d'observer le paysage d'une hauteur modérée. On éprouve surtout cette impression lorsqu'on vient de séjourner longtemps à des altitudes élevées où règne un sentiment d'isolement parfois angoissant ; après une certaine période ainsi passée, on est volontiers d'avis que le contact avec le sol a du bon, et on n'est pas fâché, tout en ayant des vues d'ensemble sur le pays, de pouvoir en observer les détails d'un peu plus près.

Le guide-ropage donne lieu, d'ailleurs, à divers incidents assez curieux, émoi des habitants ou des animaux, traversée sentationnelle des villages, des rivières, des collines, etc.

Indépendamment de l'agrément qu'il peut présenter, le guide-ropage permet souvent de prolonger les ascensions après épuisement à peu près complet du lest. Cela résulte des propriétés équilibrantes du guide-rope. On peut ainsi grâce à lui choisir à son aise son point d'atterrissage définitif, ce qui est beaucoup plus facile que de l'atteindre à la fin d'une descente en réglant dans ce but sa vitesse verticale. Nous avons vu, d'ailleurs, au paragraphe précédent que cette vitesse verticale ne doit pas dépasser des limites restreintes ; par conséquent, la manœuvre au moyen du réglage de cette vitesse ne présente que des ressources fort limitées.

Caractères spéciaux du guide-ropage. — Le guide-ropage donne une stabilité bilatérale, mais dans une mesure restreinte. Ainsi que nous l'avons vu plus haut, on règle en général la vitesse de descente de manière à déposer à terre la moitié du poids du guide-rope ; dans ces conditions la stabilité est assurée dans chaque sens jusqu'à concurrence d'une force verticale égale à la moitié de ce poids.

Il arrive souvent que dès que le guide-rope a pris le contact, on jouit d'une stabilité parfaite, c'est-à-dire que les oscillations en altitude dues aux variations accidentelles de la force ascensionnelle n'arrivent pas, dans le sens de la montée. jusqu'à décoller le guide-rope, et, dans le sens de la descente jusqu'à amener la nacelle au contact du sol.

Il convient toutefois de remarquer que dans le sens de la descente, la stabilité est généralement plus précaire que dans celui de la montée. Mais pour se rendre compte de ce fait il est nécessaire d'examiner à quoi tient le vent que l'on ressent lorsqu'on marche au guide-rope.

Avant de traiter cette question et d'en tirer des conséquences au point de vue de la manœuvre, il est bon de placer une remarque. Il arrive souvent qu'au début d'une descente un ballon se trouve en plein soleil avec un gaz très échauffé. Ce gaz a alors une température notablement supérieure à celle de l'air ambiant. Pendant la descente, toujours assez rapide, l'aérostat n'a pas le temps de se refroidir beaucoup, mais une fois au guide-rope, il peut se trouver soustrait au rayonnement solaire, soit par des nuages soit par de simples brumes, et lorsque cette situation est continue, son gaz se refroidit progressivement. Il en résulte que pendant cette période on s'aperçoit que le ballon s'abaisse et qu'on dépose une longueur de corde de plus en plus considérable. Pour ne pas arriver au contact du sol, on est obligé de jeter du lest afin de s'équilibrer à peu près avec la moitié du guide-rope traînant à terre. Ces projections de lest peuvent être nécessaires à plusieurs reprises ; puis, lorsque le gaz a pris sa température définitive, elles cessent d'être utiles, et l'on retrouve un bon équilibre. On doit donc considérer comme une chose normale la nécessité de sacrifier une certaine quantité de lest dans le premier quart d'heure ou la première demi-heure du guide-ropage.

Vent ressenti pendant le guide-ropage. — Lorsqu'un aérostat n'a aucun contact avec le sol, il est emporté, ainsi que nous l'avons vu, avec la vitesse du vent, et les aéronautes ne ressentent aucun courant d'air. Il n'en est plus de même au guide-ropage. Dans ce cas, en effet, le frottement de la corde contre le sol ou les objets qui le recouvrent, retarde la marche de l'aérostat, qui n'obéit plus exactement à l'impulsion du vent ; il marche donc moins vite que celui-ci, et les aéronautes doivent sentir un courant d'air venant de l'arrière. C'est en effet ce qui arrive.

Il est bon de tenir compte de ce fait avant le départ en ascension pour certains détails d'arrimage. C'est ainsi, par exemple, que lorsqu'on emporte un pavillon, il faut avoir soin de le fixer du côté opposé au point d'attache du guide-rope ; de cette manière, pendant le guide-ropage, il sera à l'avant et porté par le vent loin des aéronautes, tandis que dans le cas contraire il viendrait constamment les gêner et leur balayer la figure.

Ce qu'il convient surtout de remarquer, c'est que la vitesse du vent que l'on sent venir de l'arrière n'a aucun rapport avec la vitesse du vent réel ; elle est, en effet, égale à la différence entre la vitesse du vent et celle avec laquelle le ballon marche. Si, par exemple, le vent fait 10 mètres par seconde et que le frottement du guide-rope ne permette au ballon de marcher qu'à la vitesse de 8 mètres, les aéronautes sentiront un léger souffle de 2 mètres à la seconde. C'est ce qu'on peut exprimer d'une manière générale en disant que le vent constaté par les aéronautes est sensiblement égal au retard que le ballon éprouve par suite du frottement de sa corde traînante.

Ce vent doit donc être d'autant plus rapide que le frottement est plus considérable. Si ce frottement était infini, c'est-à-dire si le ballon était captif, le retard serait égal à la vitesse du vent, et ce serait un courant d'air de cette même vitesse qu'éprouveraient les aéronautes. Quand le guide-rope traîne sur le sol, le retard dépend de la force résistante due à ce frottement. Cette force même est proportionnelle à deux facteurs ; d'une part le poids de la partie de la corde qui traîne à terre, et d'autre part un certain coefficient qui dépend de la nature plus ou moins résistante du sol sous-jacent. Evidemment, ce cœfficient peut varier beaucoup. Lorsqu'on guide-rope sur un terrain bien lisse, couvert d'une herbe fine et peu élevée, le frottement est moindre que sur un sol raboteux, sur des terres grasses fraîchement labourées, dans des vignes ou des forêts. Néanmoins, il résulte de l'expérience que ce coefficient de frottement varie pratiquement assez peu. Sur les terrains, comme les forêts, par exemple, où il semble qu'il devrait être beaucoup plus considérable qu'en rase campagne il est plutôt irrégulier, mais sa moyenne ne diffère pas beaucoup de celle qu'on peut constater ailleurs. D'après les expériences faites à Chalais, le frottement est à peu près égal, en moyenne, à 0,4 du poids de guide-rope déposé.

D'autre part, si, comme c'est l'usage général, le poids du guide-rope par mètre courant est constant, le poids déposé est proportionnel à la longueur. Supposons, par exemple, un guide-rope pesant 300 grammes par mètre linéaire avec un coefficient de frottement de 0,4, chaque mètre de longueur déposé donnera lieu à une force retardatrice de 120 gr. 10 mètres donneront 1 kg. 200, 50 mètres 6 kilogrammes. On voit que les forces retardatrices sont en général faibles et donneront lieu à un retard modéré. Le tableau n° I, placé à la fin de cette étude donne une idée de ces vitesses pour des ballons de différentes dimensions.

Quoi qu'il en soit, ce qu'il faut retenir c'est que la

vitesse du vent ressenti par les aéronautes en cours de guide-ropage n'a aucun rapport avec le vent réel, et dépend surtout du poids de la partie de la corde qui traîne à terre, et, dans une mesure restreinte, de la nature du sol.

Opérations à exécuter dès le début de la marche au guide-rope. — Dès que le guide-rope touche, le pilote se place à l'avant de la nacelle, c'est-à-dire du côté opposé au point d'attache du guide-rope. Si l'on est à bord deux ou plusieurs personnes, on doit immédiatement se partager les fonctions. Le pilote placé à l'avant de la nacelle a pour mission de voir les obstacles qui peuvent surgir sur la route et de faire le nécessaire pour les éviter ; son aide, placé à l'arrière, doit suivre des yeux l'extrémité inférieure du guide-rope, qu'on appelle généralement la mèche, et voir si elle ne s'accroche pas à un obstacle.

L'instant précis où le guide-rope touche doit être noté, ainsi que la hauteur marquée par le baromètre et les pressions à ce moment. On doit faire en ce point une mesure de température. Toutes ces indications sont portées au livre de bord.

Mais la chose la plus importante est de noter le lest restant, et de porter cette quantité au livre de bord. L'aéronaute chargé de ce soin indique à haute voix le poids de lest au pilote. Tout cela doit se faire sans qu'on perde de vue un seul instant le terrain situé à l'avant de la nacelle et l'extrémité inférieure du guide-rope ; si l'on est trois dans la nacelle on n'éprouve aucune difficulté, le troisième aéronaute fait toutes les besognes accessoires ; si l'on n'est que deux c'est moins commode, et si l'on est seul il faut bien restreindre les opérations, mais à aucun prix on ne doit omettre de compter le lest restant.

Si, comme c'est le cas général, on a l'intention d'atterrir définitivement à la fin du guide-ropage sans reprendre la navigation normale, il est bon de procéder dès le début de la marche au guide-rope au rangement du matériel, et de compléter les préparatifs qui ont été faits dans ce but avant la descente; en particulier, on peut remiser les instruments autres que ceux qu'on porte avec soi, tels que baromètre enregistreur, statoscope, etc. Toutefois les avis peuvent être partagés sur cette question. Si l'on range ces instruments dans la partie inférieure de la nacelle, il est à craindre qu'ils aient à souffrir des chocs qui peuvent survenir; au point de vue de leur conservation il est certainement mieux de les suspendre au-dessus de la tête des aéronautes; mais dans cette situation, en cas de choc assez fort, ils peuvent venir frapper les voyageurs et les blesser. Le mieux serait de les suspendre en les entourant de corps mous ou élastique, afin d'amortir les chocs.

Une précaution à prendre, c'est de raidir la partie inférieure du ballon en tendant la corde qui par l'intermédiaire d'un organe plus ou moins compliqué appelé pieuvre ou cône de raidissage, est fixée à l'appendice du ballon. Si cette corde existe, — et tout aérostat bien construit doit en être pourvu — on l'amarre solidement à la partie inférieure de la suspension ou à l'un des cabillots de la nacelle. Le but de cette opération est le suivant: en marche normale il faut laisser au ballon toute sa liberté, car si l'on raidissait la corde d'appendice au moment où il est flasque, quand il viendrait à se gonfler on provoquerait sur la partie inférieure du ballon des efforts difficiles à évaluer et qui pourraient amener des déchirures ; d'autre part, on a tout intérêt à laisser l'orifice inférieure de l'appendice aussi haut que possible au-dessus de la tête des aéronautes, pour qu'ils ne soient pas incommodés par la sortie du gaz. Lorsqu'on arrive à terre, le ballon est nécessairement flasque, il n'y a donc plus à craindre qu'il se gonfle et que l'étoffe soit exposée à une pression exagérée. Si on lui laisse toute sa liberté. lorsqu'il deviendra captif au moment de l'atterrissage, le vent agitera la partie flasque de l'hémisphère intérieure et pourra la relever plus ou moins ; si, au contraire, l'appendice est relié à la nacelle au moyen d'une corde tendue, il s'opposera à la remontée de cette étoffe, ce qui présentera un certain nombre d'avantages. En premier lieu, les mouvements d'agitation de l'étoffe seront limités, et les oscillations du ballon, lorsqu'il sera captif avant l'atterrissage seront beaucoup moins gênantes. En second lieu, l'étoffe, limitée dans les mouvements que le vent pourra lui faire prendre, sera beaucoup moins fatiguée. Enfin, au moment du dégonflement, on évitera, grâce à l'ammarrage de l'appendice, que l'hémisphère inférieure soulevée par le vent, puisse venir jusqu'au contact de la partie supérieure, obturer plus ou moins la soupape, et retarder l'évacuation du gaz. Pour tous ces motifs, il ne faut pas omettre la précaution que nous signalons, et comme au moment de l'atterrissage on a toujours bien d'autres choses à faire, il est bon d'amarrer dès le début du guide-ropage la corde d'appendice.

Enfin le pilote s'assurera qu'il est prêt à manœuvrer tous ses engins d'atterrissage, notamment l'ancre, la corde de secours, et surtout les cordes de soupape.

Nous avons dit au paragraphe IV qu'avant le départ, on devait se rendre compte de la position de tous ces engins ; au début du guide-ropage, il faut se la remettre en mémoire et s'assurer que tout est prêt à fonctionner sans accroc.

Manœuvre du lest pendant le guide-ropage. — Le but de la manœuvre pendant le guide-ropage est double : d'une part éviter de heurter la terre ou un obstacle, d'autre part ne pas se laisser accrocher par la mèche du guide-rope. La première de ces fonctions est du ressort de l'aéronaute placé à l'avant : la seconde de celui de son aide placé à l'arrière.

Pour éviter de heurter un obstacle, le pilote n'a qu'un moyen, la manœuvre du lest, et pour se guider dans cette manœuvre, il ne peut compter que sur son œil ; il doit s'abstenir absolument de regarder son baromètre qui ne lui serait d'aucun secours, car il ne lui fournirait que des indications trop tardives sur ses mouvements dans le sens vertical. Il doit donc, conformément au paragraphe IV, apprécier d'après le déplacement de son rayon visuel dirigé vers l'obstacle le plus dangereux, si sa trajectoire le fera passer au-dessus ou au-dessous de cet obstacle.

C'est exactement le même mode de manœuvre qu'au départ, alors qu'on n'a pas atteint une altitude suffisante pour commencer la navigation normale ; mais il y a une différence importante, c'est que le guide-rope traîne en partie à terre. Si la trajectoire s'abaisse, il se déposera par ce fait même un certain point de guide-rope ; par conséquent, il pourra ne pas être nécessaire de jeter du lest. Pendant la première période d'ascension, en effet, on ne peut compter que sur le lest pour relever la trajectoire trop basse, il faut donc en jeter dès qu'on craint de heurter un obstacle ; pendant le guide-ropage, au contraire, on est en droit de compter sur le délestage automatique, et on ne doit se décider à jeter du lest que lorsqu'on s'est rendu compte de l'insuffisance du procédé. C'est là une question de flair qui ne peut s'acquerir que par une assez longue expérience ; les novices ont une tendance à jeter trop de lest pendant le guide-ropage, petit à petit ils arrivent à avoir le sentiment de la mesure exacte.

Il ne faut pas non plus s'exagérer les dangers du contact de l'aérostat avec le sol ou avec certains obstacles. Si l'on descend avec une certaine vitesse, il faut évidemment jeter du lest pour éviter de toucher le sol violemment ; mais lorsque la descente se fait à une vitesse modérée, on peut tolérer un contact de la nacelle avec le terrain, surtout s'il est couvert d'arbres, de céréales ou de toute autre culture susceptible d'amortir le choc ; on peut recommander aux voyageurs de se suspendre simplement, au dernier moment, par les bras aux cordages reliant la nacelle au cercle, et la plupart du temps tout se passe sans grand dommage. Lorsqu'on tient à ménager son lest à tout prix, on peut, en tolérant quelques chocs de cette nature, prolonger la durée du voyage. Il m'est arrivé un jour de guide-roper en pleine Beauce aux environs de Chartres. C'était vers la fin de juin, les blés commençaient à être assez élevés et à présenter une certaine résistance. Après avoir pris contact avec le sol par la mèche du guide rope, je laissai descendre l'aérostat sans faire aucune dépense de lest. Il s'alourdit progressivement, si bien que nous nous équilibrâmes à quelques mètres seulement au-dessus des champs de blé ; nous filions à la vitesse de 20 à

30 kilomètres à l'heure. Puis un nouvel alourdissement s'étant produit, nous nous abaissâmes jusqu'à ce que le dessous de la nacelle vint frôler les épis de blé et faire fléchir leur tige. Cette simple flexion des tiges de céréales suffit pour équilibrer notre très faible force descendante, et pendant une dizaine de kilomètres nous pûmes voyager dans ces conditions en effleurant légèrement la partie supérieure du blé

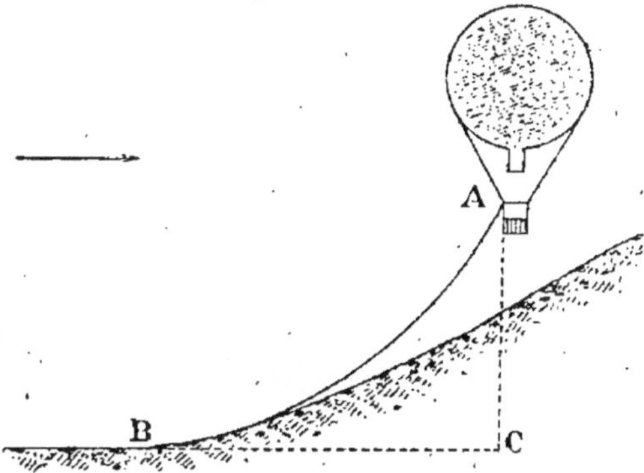

Fig. 16.

sans avoir un seul contact avec le sol, sinon par le guide-rope. Mes deux compagnons, qui étaient à leur début, furent émerveillés de ce mode de locomotion. Si j'avais voulu éviter le contact, même indirect du sol, j'aurais dû sacrifier inutilement une dizaine de kilogrammes de lest, et nous nous serions privés d'une sensation des plus agréables.

La situation est différente s'il se présente sur la route un obstacle élevé dont on veut éviter le contact ; il y a à examiner ici plusieurs cas qui peuvent provoquer de la part du pilote des manœuvres diverses.

Si l'obstacle est une colline non rocheuse, c'est-à-

dire dont la pente comme celle de toutes les terres
possibles, ne dépasse pas 35 p. 100, il n'y a pas la
plupart du temps, à s'en inquiéter le moins du
monde ; lorsqu'on arrivera au pied de la colline, le
guide-rope traînant encore dans la plaine, la nacelle
se rapprochera du sol d'une manière qui pourra paraître inquiétante comme le montre la figure 16 ;
mais un aéronaute expérimenté ne s'émotionnera pas
pour si peu. Il viendra, en effet, un moment où le

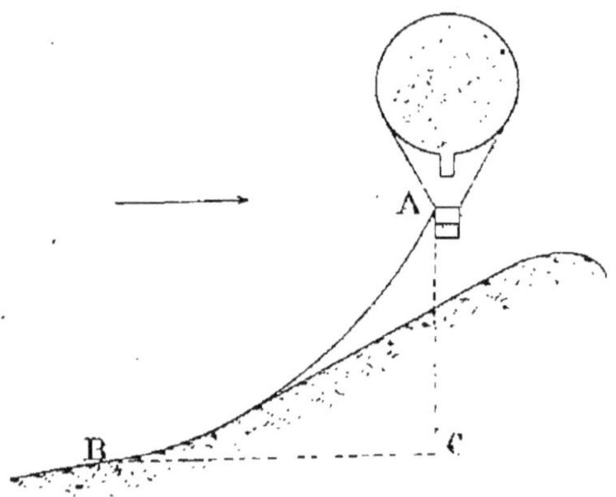

Fig. 17.

guide-rope passera en partie puis totalement sur la
pente ascendante, et à ce moment le ballon cessera
de se rapprocher du sol. Le triangle curviligne ABC
formé par le guide-rope AB, la verticale AC partant
de son point d'attache et la projection BC de la por-
sion du sol comprise entre cette verticale et le point
où le guide-rope commence à toucher le sol, se déplacera parallèlement à lui-même, comme le montre
la figure 17, si bien que le ballon restera toujours à la
même hauteur au-dessus du sol, et franchira la colline sans la moindre difficulté. Pendant les descentes
l'effet inverse se produira comme le montre la figure 18 ;

le ballon sera plus éloigné du sol, mais la forme
de la courbe AB de la partie du guide-rope soulevée
fera toujours la même tant que les conditions d'équilibre ne changeront pas. Cette forme, ne dépend que
des circonstances suivantes : la longueur de guide-
rope soulevée, son poids par mètre linéaire, et l'effort de traction auquel il est soumis. Le poids par
mètre linéaire ne change pas. La longueur de guide

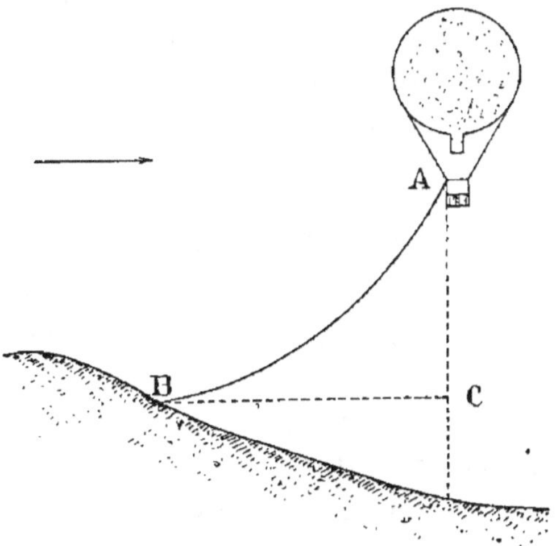

Fig. 18.

rope soulevée est telle que le poids de cette portion
soit égal à la force ascensionnelle restant à l'aérostat,
guide-rope non compris ; tant que l'équilibre se
maintient le même, cette force reste constante, et par
suite la longueur de guide-rope AB. Quant à la traction exercée sur le guide-rope, on peut la décompo-
ser en deux forces, l'une verticale, l'autre horizontale. La composante verticale n'est autre que la force
ascensionnelle restante dont nous venons de parler.
Quant à la force horizontale, c'est l'effet du vent sur
le ballon ; le vent considéré en pareil cas n'est

d'ailleurs que le vent relatif, dont la vitesse dépend exclusivement du poids de la corde traînant par terre, et du coefficient de frottement de cette corde et du sol. Si, comme nous l'avons admis, ce cœfficient est à peu près constant, comme d'autre part la longueur de corde soulevée ne varie pas, il en sera de même du poids de la partie traînante ; l'effort horizontal restera donc le même. La portion AB de guide-rope soulevée conservera par suite la même forme tant qu'elle aura la même longueur, c'est-à-dire tant que les conditions d'équilibre dans la verticale ne changeront pas.

Ce qui précède n'est exact que si l'on suppose la hauteur de la colline à franchir assez faible pour qu'on n'ait pas à tenir compte de la raréfaction de l'air atmosphérique, et, par suite, de la diminution de la force ascensionnelle du ballon pendant ce franchissement. C'est ce qui arrive dans les pays qui ne sont pas montagneux, mais modérément accidentés (les différences d'altitude ne dépassant pas 2 à 3 cents mètres). En pays de montagne, il peut en être autrement, et il sera parfois nécessaire pour franchir une hauteur de jeter du lest, la perte de force ascensionnelle due à l'attitude pouvant être supérieure au poids de guide-rope soulevé. Nous remarquerons, néanmoins, que ce cas doit être très rare, car la plupart du temps on ne fait du guide-rope qu'avec un ballon flasque, et l'on sait qu'un tel ballon conserve la même force ascensionnelle à toutes les altitudes (voir paragraphe I, nº 14) ; ce n'est donc qu'avec un ballon plein qu'on a à tenir compte de cette circonstance.

Quand l'obstacle à franchir est un arbre ou un rideau d'arbres, si la nacelle passe au-dessus, le cas est le même que s'il s'agissait de franchir une colline. Si la nacelle est assez basse pour venir toucher l'arbre horizontalement, mais si le ballon lui-même est plus haut que la cime de l'arbre comme le montre la figure 19, il faut distinguer trois cas.

L'arbre peut être muni de nombreuses branches horizontales ou inclinées s'étendant en avant du tronc, et ces branches sont flexibles : alors il n'y a

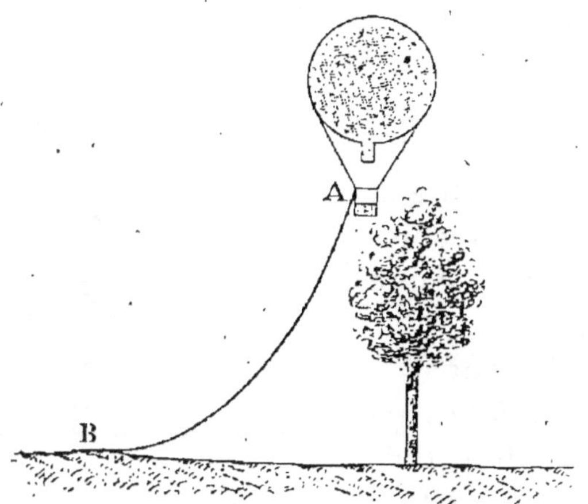

Fig. 19.

qu'à se laisser faire, en recommandant seulement aux aéronautes de protéger leurs yeux contre le contact possible des branches. Lorsque la nacelle abordera l'arbre, deux phénomènes se produiront : il y aura d'abord un choc horizontal très atténué par la flexibilité des branches, et le ballon continuera sa marche en avant tandis que la nacelle sera retardée. Mais en même temps l'aérostat se trouvera délesté subitement d'un poids considérable, ce serait le poids entier de la nacelle si les branches n'étaient pas flexibles ; — par suite de cet allégement ; il va s'élever et entraîner la nacelle qui se trouvera dès lors à une hauteur supérieure à l'obstacle. Aussitôt que la nacelle sera de nouveau portée par le ballon, l'aérostat s'alourdira, mais comme tout se passe très rapidement, si le vent est un peu fort l'obstacle sera franchi avant que le ballon ne redescende, comme le montre la figure 20 : en s'élevant le ballon aura décollé une partie du guide-rope, mais dès qu'il redescendra, la corde se retrouvera en contact avec la partie supérieure de l'arbre et le guide-ropage recommencera. D'après ce que nous avons dit plus haut, la longueur AB correspondant à la partie soulevée doit toujours conserver sa forme. Au début le point

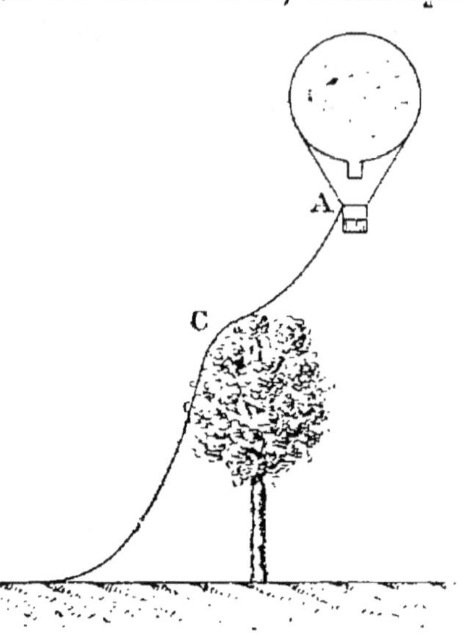

Fig. 20.

de contact C avec la partie supérieure de l'arbre sera à une distance du point d'attache inférieure à AB, par conséquent le ballon sera capable de porter plus que la longueur AC, et en fait il portera une partie de celle qui traîne entre l'arbre et le sol; le guide-rope se posera sur le sommet de l'arbre sans y peser de tout son poids. A mesure que le mouvement continuera, la portion AC deviendra plus longue et il arrivera un moment où le point de contact se trouvera en B, alors le ballon ne portera plus autre chose que cette portion AB et tout le reste sera porté par l'arbre ou le sol (fig. 21). Plus tard, le point de contact sera au delà de B, comme le montre la figure 22 ; la courbe AB sera toujours la même mais sa tangente horizontale ne sera plus en contact ni avec l'arbre ni avec le sol, et se trouvera au-dessous de la cime de l'arbre ; le ballon portera le poids

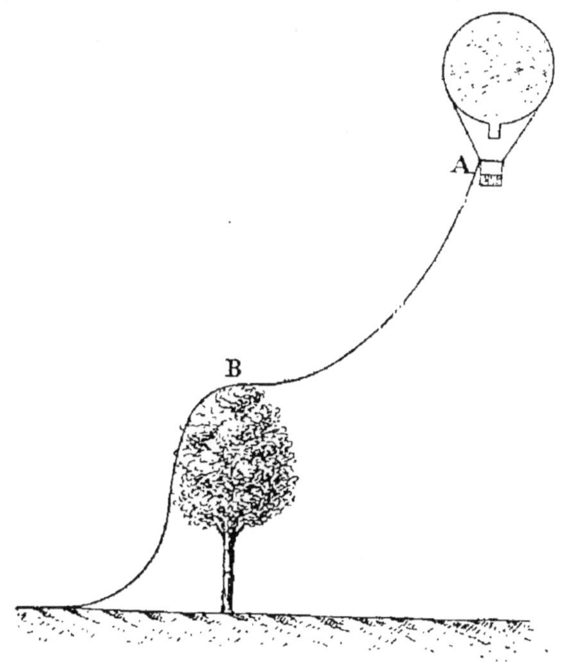

Fig. 21.

de la corde de A en B, et de B en C le poids sera porté par l'arbre. Le ballon descendra donc petit à petit jusqu'à ce que le point B vienne au contact du sol comme le montre la figure 23. A ce moment l'obstacle pourra être considéré comme définitivement franchi, et on reprendra la marche au guide-rope comme auparavant. Le seul inconvénient éprouvé par les aéronautes sera d'être incommodé par les mouvements de la nacelle, qui oscillera pendant quelque temps comme un pendule autour du ballon, par suite du retard qu'elle aura subi au moment du contact avec l'arbre.

Si, au contraire, l'arbre présente des branches rigides menaçant l'aérostat comme des lances, il faut en éviter le contact et faire le nécessaire pour passer au-dessus. Il en est de même lorsque l'arbre est presque réduit à un tronc rigide garni de petites

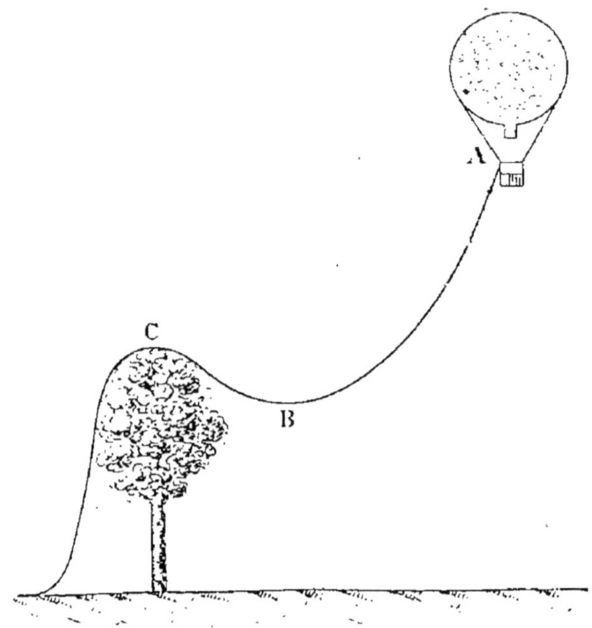

Fig. 22.

branches incapables d'amortir un choc ; tel est le cas, par exemple, des peupliers d'Italie ; de tels arbres doivent être toujours évités.

En général, tous les obstacles rigides, rochers, maisons, cheminées. arbres d'une certaine nature, sont à redouter. On doit aussi manœuvrer pour empêcher le contact du ballon lui-même avec un obstacle quelconque. Enfin il y a des cas où l'on se trouve forcé de décoller le guide-rope, quand pour des raisons que nous verrons plus loin il y aurait danger ou inconvénient grave à laisser traîner une corde sur le sol.

La manœuvre du lest en guide-ropage peut donc avoir trois buts : éviter simplement le contact du

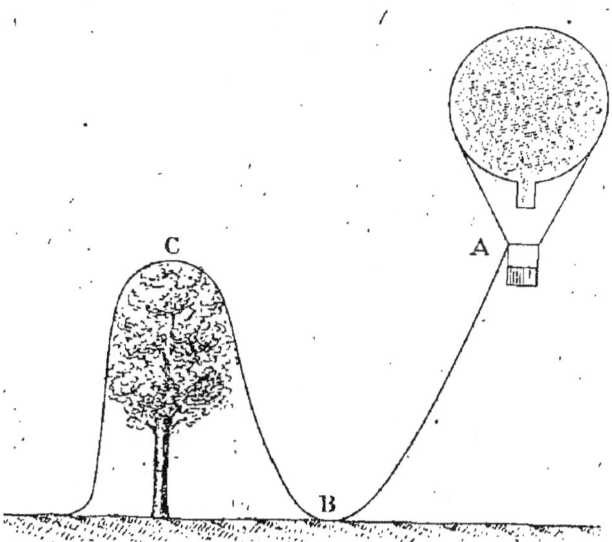

Fig. 23.

ballon avec un obstacle quelconque, mais sans chercher à préserver la nacelle de ce contact ; éviter le contact pour la nacelle elle-même mais en continuant de laisser le guide-rope traîner librement ; enfin décoller le guide-rope.

Dans chacun de ces cas, la quantité de lest à jeter peut être évaluée d'une manière beaucoup plus simple que pour la navigation normale ou la descente.

Manœuvre du lest pendant le guide-ropage. —

Quel que soit, en effet, celui des 3 cas énumérés plus haut qui se présente, le problème consiste toujours à s'élever d'une hauteur déterminée.

Dans le premier et le deuxième cas, l'aéronaute doit juger à l'œil de la hauteur dont il est nécessaire que le ballon s'élève pour éviter le contact avec l'obstacle dangereux. Cette hauteur étant connue, 10 mètres, par exemple, il faut la multiplier par le poids du mètre courant de guide-rope. Si ce poids est, par exemple, de 300 grammes, une élévation de 10 mètres correspondra à 3 kilogrammes. Il faudra donc jeter cette quantité d'un seul coup, et assez longtemps avant d'arriver à l'obstacle.

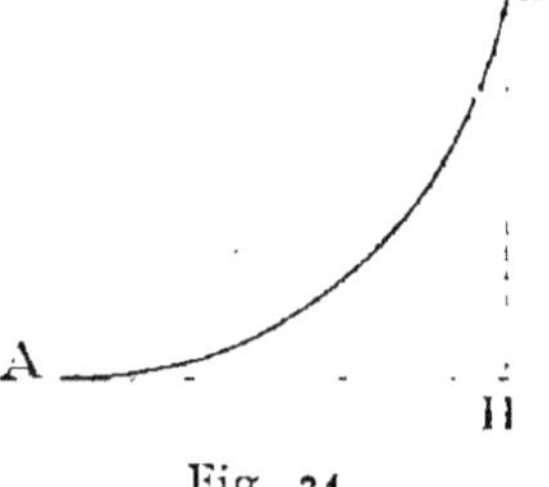

Fig. 24.

Ce serait rigoureusement vrai si le guide-rope pendait verticalement dans sa partie soulevée; mais en fait il n'en est pas ainsi. Le guide-rope a la forme d'une chaînette comme le représente la figure 24. En raison de cette forme la partie supérieure du guide-rope fait un certain angle avec la verticale. Le ballon se relèvera donc d'une quantité égale à la longueur supplémentaire de guide-rope soulevée. Mais cette quantité ne doit pas être portée suivant la verticale; on doit la mesurer suivant la direction de l'élément supérieur de la chaînette. La forme de la chaînette dépend, d'ailleurs, de deux quantités : l'effort horizontal du vent sur l'aérostat, qui tend à écarter le ballon B du point de contact A du guide-rope avec le sol, c'est-à-dire à augmenter la projection horizontale AH et à diminuer la hauteur verticale BH; d'autre part la force ascensionnelle qui tend, au contraire, à augmenter la hauteur verticale BH et à diminuer la distance horizontale AH. Cette force ascensionnelle de l'aérostat est rigoureusement égale au poids de l'arc AB de guide-rope relevé. Si l'on suppose que l'effort du vent reste le même et qu'on vient à augmenter la force ascensionnelle en jetant une certaine quantité de lest, la longueur AB de guide-rope augmentera, et la chaînette prendra la forme représentée dans la figure 25. Si l'on mesure le long du guide-rope, à partir du point de contact A, une longueur AC égale à la longueur totale soulevée AB de la figure 24, la longueur CB sera égale à la longueur soulevée à la suite de la projection de lest, et le poids de l'élément BC du guide-rope sera égal au poids de lest projeté. Il en résulte que si l'on considère dans la figure 25 la force ascensionnelle au point C, elle est égale à ce qu'était la force ascensionnelle en B dans la figure 24. D'une part, cette force a augmenté de la quantité de lest jetée, mais elle a diminué du poids de la longueur du guide-rope BC qui lui est égale ; elle se trouve donc la même, et si le vent n'a pas changé, la portion AC du guide-rope dans la figure 25, aura exactement la même forme que la longueur totale AB soulevée dans la figure 24. Lorsque dans de pareilles conditions on jette du lest, le ballon se déplace donc sur la chaînette prolongée comme si celle-ci était une glissière de forme rigide sur laquelle il serait condamné à se mouvoir. Cette chaînette ayant une cer-

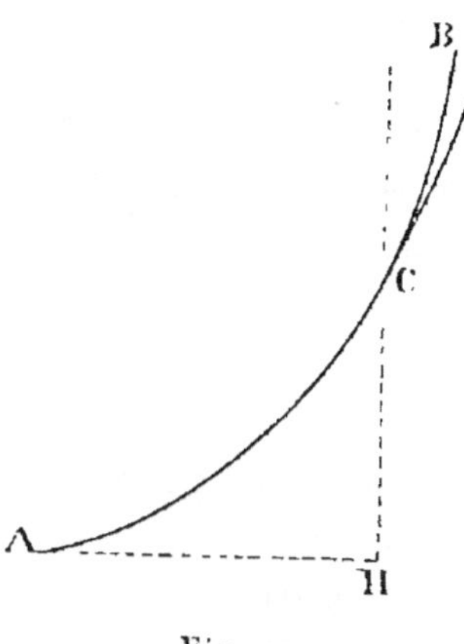

Fig. 25.

taine courbure, la corde BC est plus rapprochée de la verticale que la tangente en CT menée au guide rope au point C ; on se relève donc en réalité plus que ne l'indiquerait l'inclinaison du guide-rope au moment où l'on jette le lest.

Mais d'autre part, lorsqu'on jette du lest, le vent relatif éprouvé par l'aérostat, vent qui est seul à considérer, diminue forcément, ainsi que nous l'avons déjà vu : il en résulte que la chaînette se redresse, et prend la forme représentée figure 26 ; l'effort du vent diminuant, la longueur horizontale AH se trouve réduite, et le ballon se relève plus que si l'an-

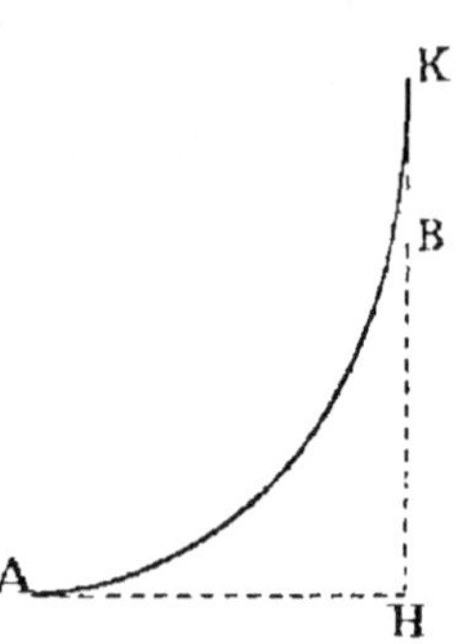

Fig. 26.

cienne chaînette avait été conservée. La figure 27 représente les deux chaînettes juxtaposées, et permet de voir de quelle quantité on se relèverait. Si le guide-rope s'était relevé verticalement on aurait gagné une hauteur BH ; c'est le maximum de ce qu'on peut gagner en projetant une quantité de lest égale au poids d'une longueur de guide-rope égale à BH. Si l'on s'était relevé suivant la chaînette primitive on aurait atteint le point I, mais en réalité, comme la chaînette se redresse, au point K ; on perd donc une certaine quantité de hauteur. Mais comme cette quantité n'est pas très considérable, on devra calculer dans la pratique un peu largement la hauteur dont on veut s'élever de manière à tenir compte de ce fait. Après avoir fait une projection de lest égale à la hauteur à gagner, multipliée par le poids du mètre de guide-rope, on se tiendra prêt à jeter une quantité de lest supplémentaire, pour le cas où la première projection aurait été insuffisante.

Lorsqu'il s'agit non pas d'éviter un obstacle, mais de décoller le guide-rope, il faut apprécier la longueur de guide-rope qui traîne à terre, et jeter un poids de lest correspondant. Cette appréciation de longueur est assez difficile à faire ; on peut la faciliter en plaçant de distance en distance, tous les 25 mètres, par exemple, un repère bien visible sur le guide-rope ; mais c'est un moyen à peu près illusoire, car

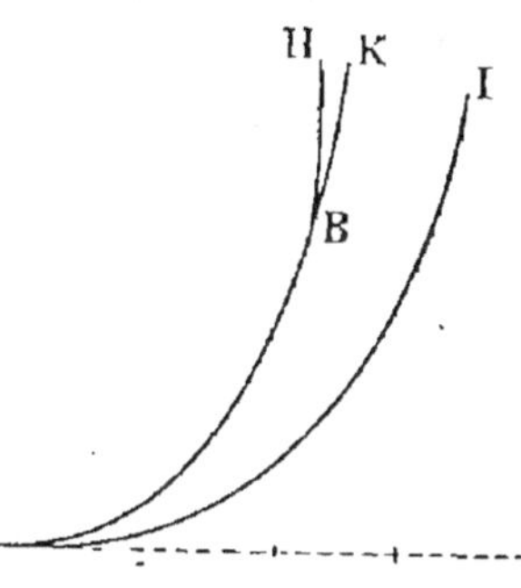

Fig. 27.

ces repères pour être vus facilement doivent être de couleur vive, rouges de préférence, et avoir une grande longueur ; or, le plus souvent ils sont recouverts de poussière ou de boue et rendus ainsi inutiles. Il vaudra mieux, pour la première projection de lest se tenir en dessous qu'en dessus du poids à soulever, sauf à compléter par des projections successives le délestage voulu.

Il se présente toutefois des cas où il y a un intérêt majeur à décoller le plus rapidement possible le guide-rope ; alors il faudra forcer son appréciation de manière à être sûr de s'enlever, dût-on sacrifier une quantité de lest inutile.

On ne doit pas oublier qu'une fois le guide-rope décollé on passe immédiatement à une autre phase de l'ascension, qui est un nouveau départ, mais dans des conditions spéciales. On part, en effet, avec un ballon flasque, et quelque faible que soit sa force ascensionnelle, il faut s'attendre à monter jusqu'à sa zone de plénitude, c'est-à-dire plus haut que le point où l'on était avant de commencer la descente. Nous reviendrons ultérieurement sur cette importante remarque.

Stabilisateurs. — Lorsqu'on est au guide-rope et qu'on constate que la nacelle se rapproche du sol, il ne faut pas se hâter de jeter du lest comme si l'on était libre de toute attache ; il faut compter sur l'amortissement de la force descendante qui résultera d'un dépôt de poids supplémentaire de guide-rope ; mais ce dépôt aura pour conséquence une augmentation du vent relatif, et si comme il arrive assez souvent

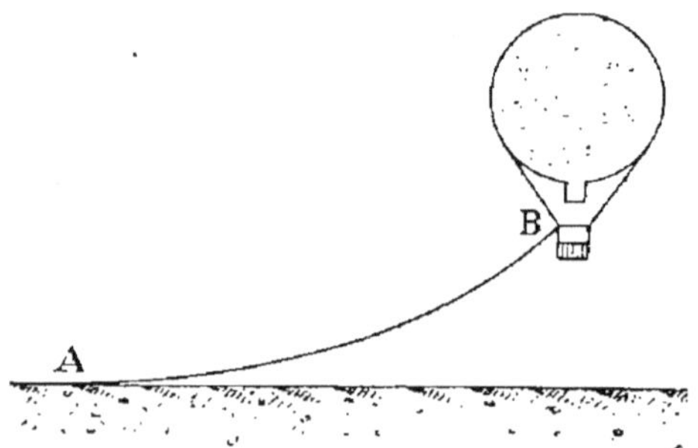

Fig. 28.

dans le voisinage du sol, le vent a une composante descendante, l'influence de cette composante deviendra plus sensible et s'ajoutera à l'alourdissement réel. On pourra dans ce cas ne pas arriver à s'équilibrer au moyen du guide-rope, et la nacelle viendra choquer le sol, même s'il est horizontal.

Nous avons dit plus haut que le vent ressenti en guide-rope n'a aucun rapport avec le vent réel, et tient uniquement à la résistance de la partie traînante de la corde. C'est vrai si le vent est uniforme, mais s'il est irrégulier, il faut un certain temps à l'aérostat pour prendre sa nouvelle vitesse, et pendant ce temps il peut subir des ralentissements ou des accélérations. Si ce dernier cas se produit, l'influence du vent devient momentanément plus considérable, et la chaînette formée par le guide-rope s'allonge et s'abaisse en même temps. Toutes ces causes réunies peuvent contribuer à rapprocher la nacelle au sol et même à l'amener en contact avec lui. Un simple examen de la figure 28 démontre que ce choc est très facile à obtenir lorsque la chaînette est très allongée.

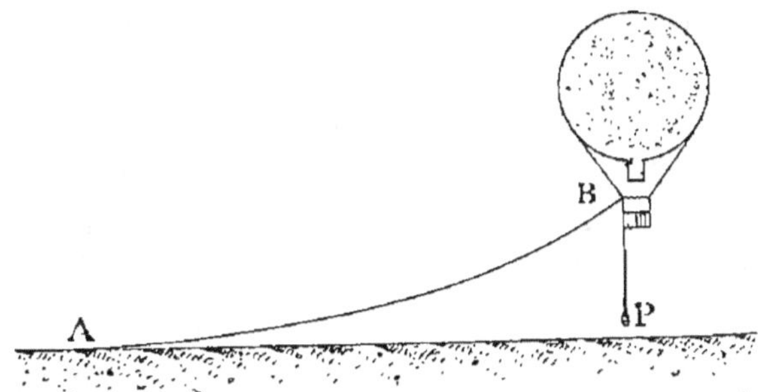

Fig. 29.

Il est un moyen de l'éviter qui consiste à suspendre à l'aérostat une corde différente du guide-rope, notablement plus courte que lui, et terminée par un poids P (fig. 29). Lorsque le ballon s'abaisse et que le guide-rope est impuissant à l'équilibrer, le poids suspendu à la corde vient se déposer sur le sol ; s'il est suffisant, il assure l'équilibre, et la nacelle se maintient à une hauteur du sol égale à la longueur de la corde BP.

C'est à ces poids ainsi suspendus que l'on donne le nom de « stabilisateurs ». Ils furent employés pour la première fois par M. Hervé dans son beau voyage au-dessus de la mer du Nord en 1886.

Si l'on donnait au poids supplémentaire une forme quelconque, cela pourrait présenter des inconvénients dans la pratique ; le poids pourrait, en effet, s'enchevêtrer dans des arbres ou dans tout autre obstacle, et rendre le ballon captif. Pour éviter cet inconvénient, on donne au stabilisateur une forme allongée analogue à celle d'un serpent, ce qui lui permet de glisser sur les obstacles avec la même facilité que le guide-rope ; de là le nom de serpent donné à cet appareil, qui fut appliqué aux ascensions terrestres vers 1890 à Chalais.

Le serpent n'est en somme qu'une sorte de guide-rope dont le poids par mètre est très considérable dans sa partie inférieure, seule efficace. Il suffit donc d'en déposer une faible longueur pour obtenir un allégement considérable. Employé seul il ne serait pas avantageux ; il constituerait simplement un guide-rope très court, ce qui aurait des inconvénients lorsqu'il faudrait éviter des obstacles. Mais si l'on emploie le serpent concurremment avec le guide-rope, il présente sur lui le grand avantage de pendre verticalement sous la nacelle même quand la chaînette du guide-rope est très allongée, et, par conséquent de procurer un allégement qui maintient d'une façon certaine la nacelle à une distance notable du sol. Lorsque le serpent traîne, sa corde prend forcément une certaine inclinaison, mais toujours beaucoup plus faible que celle du guide-rope. Tout le poids de l'appareil étant concentré vers le bas, et la corde qui le suspend pesant peu de chose par elle-même, celle-ci affecte une forme presque rectiligne, ainsi que le montre la figure 30.

Rôle de l'aide aéronaute. — On a vu que l'aéronaute doit avoir un aide occupé à examiner l'extrémité inférieure du guide-rope, appelée souvent « la mèche ». Le but principal de cette surveillance est d'empêcher les habitants de saisir le guide-rope et d'arrêter l'aérostat inopinément tout en risquant pour eux-mêmes des accidents plus ou moins graves. Or, les habitants ont une tendance, quand le vent n'est pas trop fort, à se saisir du guide-rope. Ils sont, en effet, convaincus que c'est une corde de secours jetée par les aéronautes dans le but de se faire ra-

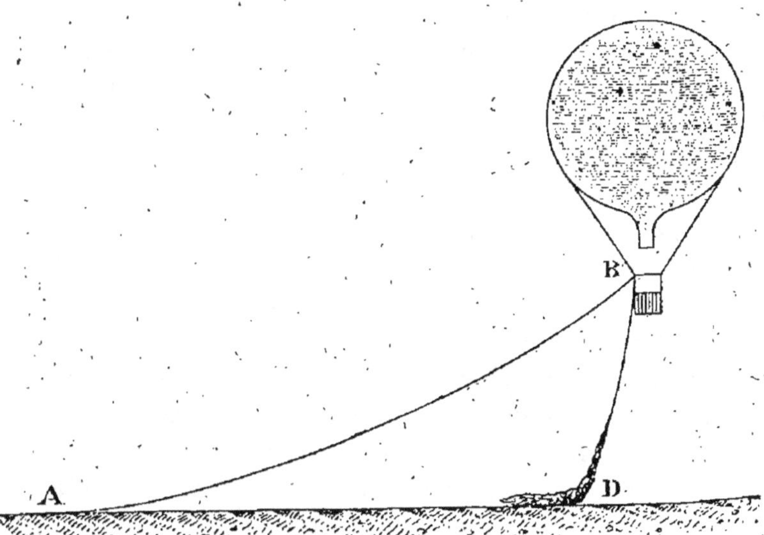

Fig. 30.

mener à terre. L'aide aéronaute a souvent beaucoup de peine à les en empêcher. Il est obligé de crier du haut de la nacelle, et comme il peut se trouver à une centaine de mètres de ses auditeurs il lui est difficile de se faire entendre.

L'emploi d'un porte-voix léger peut, dans ce cas, rendre de réels services. En tout cas, il y a une petite précaution à prendre. Il faut formuler son avertissement de façon à être bien compris. Or, en fait, quand on crie avec force, les personnes placées à une certaine distance entendent fort mal les premières syllabes, et ne perçoivent guère avec netteté que la dernière, sur laquelle, d'ailleurs, on traîne généralement. Si donc on crie aux habitants : « Ne touchez pas la corde ! Lâchez la corde ! » etc., ils ne saisissent que le mot « corde », croient de bonne foi qu'on les invite à la prendre, et on obtient un résultat absolument contraire à celui qu'on cherchait. Il vaut beaucoup mieux crier simplement : « Ne touchez pas ! » Le dernier mot est généralement entendu, et les habitants comprennent qu'ils doivent s'abstenir.

Il faut, en tout cas, quelque énervement qu'on éprouve à n'être pas compris, s'abstenir avec le plus grand soin d'injurier les habitants ; ils sont animés de bonnes intentions et les aéronautes doivent éviter de rendre les ballons odieux. D'autre part la prudence la plus élémentaire recommande de ne pas indisposer des gens dont on peut avoir besoin à bref délai, pour des manœuvres parfois difficiles et pénibles ; c'est une mauvaise manière d'entrer en relation que de commencer par les injurier.

Cas où le guide-rope s'accroche. Il peut arriver que le guide-rope s'accroche dans des branches d'arbre, dans un fil télégraphique, ou autrement. On peut parfois le dégager soi-même en imprimant à sa partie supérieure de fortes secousses qui se propagent comme des ondes jusqu'au bas de la corde. Quand ce moyen ne réussit pas il ne reste aux aéronautes que trois partis à prendre : essayer d'obtenir des habitants qu'ils dégagent l'extrémité du guide-rope, le couper ou enfin se décider à un atterrissage prématuré.

Couper le guide-rope est une opération généralement difficile ; elle a l'inconvénient de vous forcer à recommencer une ascension avec peu de lest, et sans le secour de la corde traînante. Quoiqu'il en soit, l'accrochage du guide-rope est un incident toujours ennuyeux. Son moindre inconvénient est de faire passer sans transition des charmes d'une locomotion très agréable, aux secousses souvent brutales auxquelles est exposé tout ballon captif.

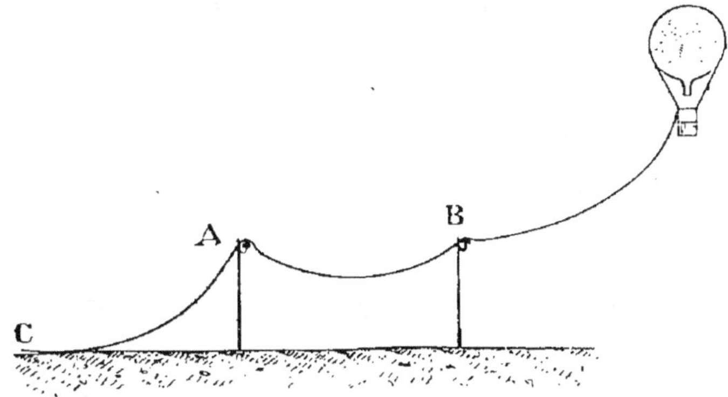

Fig. 31.

On peut diminuer les chances d'accrochage en disposant d'une façon spéciale l'extrémité du guide-rope. Ce qui paraît le mieux réussir, c'est d'une part de terminer la corde par une pointe conique allongée recouverte d'un transfil très serré en forte ficelle ; ce transfil protège la partie inférieure de la corde et l'empêche généralement de s'effilocher ; on supprime ainsi une des causes fréquentes d'accrochage. D'autre part, il est bon de noyer dans l'âme du guide-rope un fil d'acier assez raide de 2 à 3 millimètres de diamètre, et régnant sur une longueur de 5 à 10 mètres à partir de l'extrémité inférieure du guide-rope. Ce fil donne à la mèche une rigidité considérable tout en permettant de l'enrouler sous un grand rayon.

Mais il s'oppose à ce qu'elle puisse s'accrocher par
enroulement autour de corps de petites dimensions.
Or ce mode d'accrochage est relativement fréquent ;
il se produit lorsque le guide-rope traîne successivement sur deux obstacles séparés entre eux par un intervalle inférieur à leur hauteur, par exemple deux
lignes télégraphiques parallèles comme le représente
la figure 31. Lorsque le guide-rope arrive sur ces
obstacles, il porte d'abord sur le premier A, puis sur

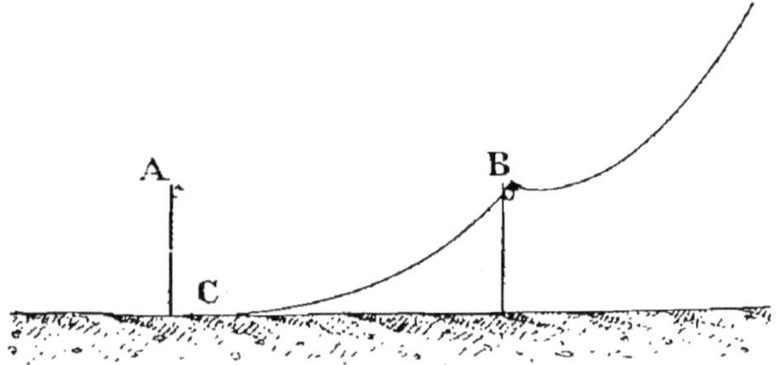

Fig. 32.

le deuxième B ; pendant un certain temps il s'appuie
à la fois sur les deux et la portion AB du guide-rope
prend une forme de chaînette. Le ballon continuant
sa marche, l'extrémité inférieure du guide-rope
arrive en A, comme le montre la figure 32. A ce moment, elle tombe brusquement, et tend à osciller
comme un pendule autour du deuxième point, le
support B. Si l'intervalle entre les deux obstacles est
plus grand que la hauteur du deuxième, l'extrémité
du guide-rope tombera par terre comme on le voit
dans la figure, et il ne se produira généralement aucun incident. Si, au contraire, les deux obstacles sont
rapprochés comme dans la figure 33, l'extrémité inférieure C du guide-rope, après avoir quitté le
support A. pivotera autour du point B, et pourra dé-

·crire un cercle complet et s'enrouler plusieurs fois autour de cet obstacle, ce qui donnera lieu à un accrochage dont on ne pourra se déprendre qu'avec le concours des habitants. Si la mèche du guide-rope est munie d'un fil d'acier, la rigidité de ce fil s'opposera à cet enroulement et le deuxième obstacle sera ·franchi sans encombre.

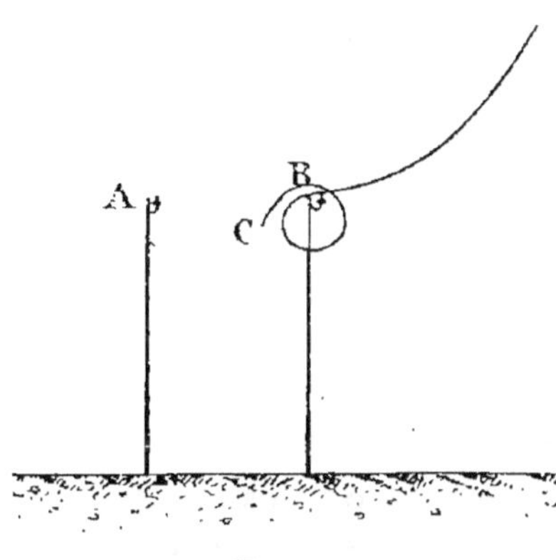

Fig. 33.

Tenue du livre de bord. — Pendant la marche au guide-rope, il est absolument inutile d'inscrire des altitudes lues sur le baromètre. On sait qu'on est à une distance du terrain sous-jacent comprise entre o et la longueur du guide-rope, et cela suffit amplement. Ce qu'il faut noter, c'est la route suivie et la vitesse de translation. Les moyens sont les mêmes qu'en navigation normale, avec une différence toutefois, c'est qu'on est beaucoup plus près du sol, qu'on embrasse des étendues plus faibles, et que, par conséquent, c'est plutôt sur des détails que sur des ensembles que l'on doit se régler. Aussi, pendant le guide-ropage, la carte à grande échelle est-elle plus commode que celle à petite échelle ; malheureusement, à moins d'en emporter des quantités considérables, on ne possède généralement pas celles de la région guide-ropée ; il faut alors avoir grand soin de ne pas perdre sa route et de déterminer toujours un nouveau point de repère avant de perdre de vue le ·précédent.

La proximité du sol permet, d'ailleurs, de demander des renseignements aux habitants. Mais cela n'est pas toujours très commode à cause de la difficulté de s'entendre. Il arrive aussi fréquemment qu'ils vous nomment un village ou un hameau absolument inconnu des aéronautes. Pour éviter une longue incertitude, il faut tâcher d'obtenir un renseignement plus général, tel que le nom de la ville la plus proche, ou de la gare, ou du département, ce qui limite nettement les recherches.

Inconvénients du guide-ropage. — Indépendamment des dangers d'accrochage, un inconvénient grave du guide-rope consiste dans les dégats que son passage cause à la surface du sol; sur des cultures ordinaires ces dégats sont insignifiants; il n'en est plus de même sur les cultures chères comme les vignes ou les jardins. Mais c'est surtout sur les bâtiments que les dommages peuvent être graves. Il faut donc éviter tout guide-ropage sur les localités habitées de quelque importance. Indépendamment des dégats matériels, on pourrait même causer des accidents de personnes par la chute de pierres ou de tuiles détachées des murs ou des toits par la corde traînante.

Les fils électriques sont gênants, mais la plupart du temps l'aéronaute s'en tire sans difficulté s'il ne s'agit que de lignes de télégraphe ou de téléphone. Le guide-rope peut évidemment causer quelques contacts entre fils portés sur le même poteau, et produire quelques troubles dans la communication; mais c'est là un dommage passager et peu important. Il n'en est pas ainsi pour les lignes de transport de force. Dans ce cas, on risque d'occasionner des accidents très graves et pour les aéronautes et pour les usines ou les particuliers qui utilisent l'électricité. Il importe donc d'éviter absolument de guide-roper au-dessus de semblables lignes, et on ne saurait trop encourager les aéronautes à se munir de cartes indiquant les régions dangereuses à ce point de vue.

Fin du guide-ropage. — L'aéronaute-commandant doit prendre à un moment donné la décision de mettre fin à la marche au guide-rope ; c'est lorsqu'il voit la nécessité de cesser le voyage. Cette nécessité peut résulter de diverses circonstances.

Ce qui arrive le plus souvent, c'est que le lest s'épuise, et qu'à un certain moment il n'en reste plus que la quantité jugée nécessaire pour les manœuvres finales. D'autres fois, on veut atterrir avant une région déterminée que l'on ne peut ou ne veut pas traverser : mer, vaste forêt, grande agglomération habitée, frontière, région marécageuse, etc. Pour se rendre compte des nécessités de cette nature, l'aéronaute-commandant doit avoir une connaissance géographique suffisante des pays à traverser, et savoir toujours la nature de la région vers laquelle il se dirige. On peut aussi désirer mettre fin au voyage simplement parce qu'on le trouve assez long et qu'on veut s'arrêter avant une heure déterminée. Enfin il peut arriver que le guide-rope s'accroche et que l'on ne puisse se dégager, ou, que, trouvant l'emplacement favorable, on juge inutile de le faire décrocher.

Quel que soit le motif qui va décider l'atterrissage, sauf dans le cas d'accrochage du guide-rope, on peut toujours choisir son terrain le long de la route suivie. Ce choix est soumis à certaines règles. Il faut d'abord ne pas s'arrêter au-dessus de forêts, de maisons, ou même de cultures où l'atterrissage serait difficile ou dangereux, telles que vignes, houblonnières, etc. On choisira de préférence les prairies ou les terres labourées. On se méfiera, toutefois, des prés trop verdoyants ; leur aspect engageant est souvent trompeur parce qu'ils sont marécageux.

Il faut également éviter de s'arrêter à peu de distance d'un obstacle situé à l'avant, rivière, chemin de fer, village. La manœuvre d'arrêt peut, en effet, ne pas réussir, et alors le ballon est entraîné au-dessus de l'obstacle, ce qui peut avoir des inconvénients plus ou moins graves ; il vaut mieux le franchir et s'arrêter au delà. Si on ne veut pas le franchir, il faut avoir soin de s'arrêter à une notable distance en avant de lui. Cette distance devra être d'autant plus grande que le vent est plus rapide. Ce n'est pas en hectomètres ou en kilomètres qu'il faut l'apprécier, mais en minutes nécessaires pour atteindre l'obstacle avec la vitesse du vent régnant.

La plupart du temps, toutes ces raisons d'ordre techniques ne sont pas extrêmement impérieuses, et il est facile de les concilier avec des raisons de simple commodité, notamment avec la proximité d'une ligne de chemin de fer. En France, les lignes de chemin de fer sont assez rapprochées pour qu'on en franchisse souvent, et généralement la décision à prendre est d'atterrir près d'une ligne qu'on va franchir, ou près d'une autre qu'on rencontrera à quelque distance en avant.

CHAPITRE VIII

Atterrissage.

Mesures préparatoires. — Dès qu'on s'est décidé
à atterrir, il faut s'assurer que l'arrimage des différents objets et surtout de ceux qui sont fragiles et
qui en se brisant pourraient blesser les aéronautes,
est fait de manière à éviter toute chance d'accident.
Cette précaution a dû être prise avant le guide-ropage ; mais il faut avant d'atterrir vérifier que tout
est bien en état sous ce rapport, et compléter rapidement les dispositions déjà prises, s'il y a lieu. —
Sur le carnet de route on fera bien de noter, si on
en a le loisir, l'heure et le lieu de la décision prise.

Double problème à résoudre. — Pour terminer
un voyage en ballon libre il y a deux choses à faire :
arrêter le mouvement horizontal, et amener la nacelle au contact du sol.

En principe le premier 'de ces résultats doit être
obtenu avant le deuxième ; on est quelquefois obligé
d'opérer autrement, mais on doit, à mon avis, considérer ce deuxième mode d'opérer comme une
exception. J'insiste sur ce point, parce qu'il y a
parmi les aéronautes actuels une tendance à faire le

contraire, tendance que pour mon compte je considère comme très fâcheuse.

Nous allons donc supposer que l'on procède de la manière normale, c'est-à-dire qu'on arrête le mouvement horizontal par un procédé quelconque, et que cela fait on amène la nacelle au contact du sol.

Moyens d'arrêt. — Les moyens d'arrêter le mouvement horizontal varient suivant les cas, notamment suivant la nature du terrain sous-jacent et suivant la vitesse du vent régnant.

Arrêt au guide-rope. — Si le vent est extrêmement faible, le simple frottement du guide-rope contre le sol suffira à arrêter le mouvement. Dans ce cas le guide-ropage sera impossible, et la phase précédente de l'ascension sera supprimée. Ce cas est absolument exceptionnel, mais il arrive souvent que le vent est assez faible pour qu'il soit facile aux habitants de saisir le guide-rope et d'arrêter le ballon. Tant que le vent ne dépasse pas dix ou ou 15 kilomètres à l'heure, on peut se faire arrêter en demandant aux habitants de saisir le guide-rope et de retenir l'aérostat.

La plupart du temps ce serait impossible, mais si l'on a affaire à un homme intelligent et débrouillard — ce dont il est d'ailleurs assez difficile de se rendre compte du haut de la nacelle — on peut l'inviter à saisir le guide-rope et à lui faire faire un tour ou deux autour d'un arbre ou d'un poteau. On réussit ainsi à arrêter le ballon jusqu'à des vitesses d'une vingtaine de kilomètres à l'heure.

Arrêt à l'ancre. — Au delà, ce moyen serait impossible ; il serait même dangereux de compter sur l'aide des habitants pour s'arrêter. Il faut donc chercher à le faire par ses propres moyens. C'est le cas de recourir à l'ancre.

On emploie souvent en aérostation des ancres analogues à l'ancre marine. Elles peuvent s'accrocher dans des arbres ou dans des barrières solides, mais ne peuvent servir de rien sur les terrains cultivés, prairies ou terres labourées. Pour s'arrêter sur de semblables terrains, il faut recourir à des ancres articulées comme celles du colonel Renard ou de M. Hervé. Pour que l'arrêt réussisse au moyen de ces ancres, deux conditions sont à remplir. Il faut d'abord qu'elles ne soient pas embrouillées, et qu'elles abordent le sol en pendant bien allongées ; il faut en outre que la nacelle soit assez basse pour que la corde d'ancre tire sur un angle voisin de l'horizontale. Si la traction se fait dans une direction relevée l'ancre ne mord pas. Quand ces conditions sont remplies, l'arrêt se fait généralement sans difficulté jusqu'à des vitesses de 30 et 40 kilomètres à l'heure.

On a beaucoup discuté sur les longueurs de cordes d'ancres ; à mon avis ces longueurs doivent être modérées : 30 mètres environ. D'une part la corde d'ancre doit être assez longue pour que la nacelle reste au-dessus des obstacles de hauteur ordinaire, après que l'ancre a mordu ; d'autre part, elle doit être assez courte pour que l'aéronaute se rende bien compte de ce qu'il fait et puisse manœuvrer facilement.

Manière de larguer l'ancre. — Il y a deux façons de larguer l'ancre : la façon brusque, et la façon progressive.

On largue l'ancre brusquement lorsqu'on a au-dessous de soi des arbres ou des objets offrant une prise facile. Lorsqu'on est au guide-rope, on doit se laisser descendre jusqu'à ce que la nacelle soit à une hauteur au-dessus du sol inférieure à celle de la corde d'ancre. Si l'on dispose d'un serpent ou de tout autre stabilisateur l'appréciation de cette distance sera facile, la corde du serpent devant être plus courte que la corde d'ancre.

Une fois ce résultat obtenu, le pilote ou son aide tient son couteau ouvert, prêt à couper le cordeau qui retient l'ancre au flanc de la nacelle. Toutes choses doivent avoir été préalablement disposées de manière que, ce cordeau coupé, le poids de l'ancre produise le déroulement de la corde sans que celle-ci soit exposée à s'embrouiller. L'aéronaute chargé de la manœuvre doit saisir le moment où le ballon va passer au-dessus du point où l'on veut faire mordre l'ancre, et à ce moment couper brusquement le cordeau. Il doit apprécier la vitesse du vent de manière que l'ancre arrive près du sol un peu avant l'arbre ou l'obstacle quelconque auquel on a l'intention de s'accrocher. Quand la manœuvre est bien faite, l'ancre descend rapidement et s'accroche quelques instants après. Si à ce moment la corde n'est pas complètement allongée elle se tend bientôt et les aéronautes éprouvent un choc tendant à les pousser vers l'avant. Mais comme on a eu soin, ainsi que nous l'avons vu au chapitre IV d'attacher la corde d'ancre au cercle de suspension de la nacelle, celle-ci elle-même est projetée en avant et les aéronautes ne risquent pas de tomber dehors; on doit néanmoins les prévenir de ce qui va arriver, afin qu'ils se cramponnent aux cordages de suspension ou prennent toute autre disposition pour amortir le choc.

Ce mode opératoire est le seul qu'on puisse employer avec les ancres marines qui ne mordent pas
dans les terrains découverts. La façon classique de
s'en servir, si l'on vient à guide-roper une forêt ou
un bois est de faire mordre son ancre au-dessus des
derniers arbres de la lisière de manière à se trouver
captif au-dessus de la plaine. Si l'on coupe un pla-

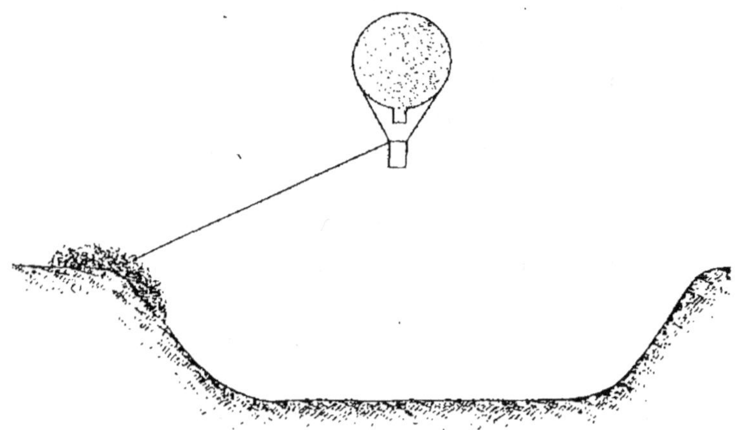

Fig. 34.

teau dans lequel sont creusés des vallons que l'itiné-
raire suivi amène à traverser, c'est sur la crête descendante ou sur le versant qui la suit qu'il est bon de
faire mordre son ancre, comme le montre la figure 34 ;
le ballon au moment de sa descente sera en effet,
abrité par la colline et se trouvera dans des conditions plus favorables. Avec les ancres articulées on
peut opérer de la même manière, car celles-ci, si
elles ont l'avantage de mordre sur un terrain découvert, s'accrochent tout aussi bien que les autres dans
les arbres ou les obstacles plus ou moins enche-
vêtrés.

Lorsqu'au contraire on se trouve sur un terrain découvert dans une vaste étendue et qu'on ne peut compter sur les arbres pour s'accrocher, il faut faire mordre son ancre dans le sol, ce qui n'est possible qu'avec des ancres articulées. On procède alors de la manière suivante :

On commence par déplier son ancre, et la laisser pendre complètement allongée à un mètre ou deux au-dessous de la nacelle ; puis, on largue la corde, après s'être assuré qu'il reste sous la nacelle une hauteur supérieure à la longueur de la corde d'ancre. Lorsque l'ancre pend ainsi verticalement sous le ballon en avant du guide-rope, on manœuvre la soupape de manière à amener le contact de l'ancre avec le sol, et on continue à soupaper jusqu'à rapprocher la direction de la corde d'ancre de celle de l'horizontale. Tant que cette direction est trop relevée, le seul effet de l'ancre est de s'enfoncer légèrement dans le sol et de se déprendre, ceux qui cause aux aéronautes des soubresauts plus ou moins désagréables, tout en ralentissant la marche du ballon sans jamais pouvoir l'arrêter. Le ralentissement ainsi obtenu peut être parfois suffisant pour permettre aux habitants de saisir le guide-rope et d'arrêter l'aérostat. Mais ce mode de procéder est assez précaire ; si l'ancre vient à lâcher, les habitants sont surpris et abandonnent le guide-rope ; on peut craindre aussi qu'ils ne se rapprochent trop de l'ancre et ne soient blessés par elle. Il vaut donc mieux tenter de s'arrêter, avec l'ancre seule, et on y arrive généralement dans les limites de vitesse des vents que nous avons indiquées, à la condition d'exercer sur l'ancre une traction très voisine de l'horizontale. Si l'on possède un stabilisateur, il suffit de soupaper jusqu'à amener celui-ci au contact du sol :

la corde du stabilisateur devant être sensiblement plus courte que celle de l'ancre, la corde d'ancre est forcément peu relevée, comme on le voit sur la figure 35.

Cas où aucun mode d'arrêt n'est efficace. — Il peut se faire que toutes les tentatives d'arrêter le ballon échouent complètement. Cela se produit notamment quand la vitesse du vent est trop considé-

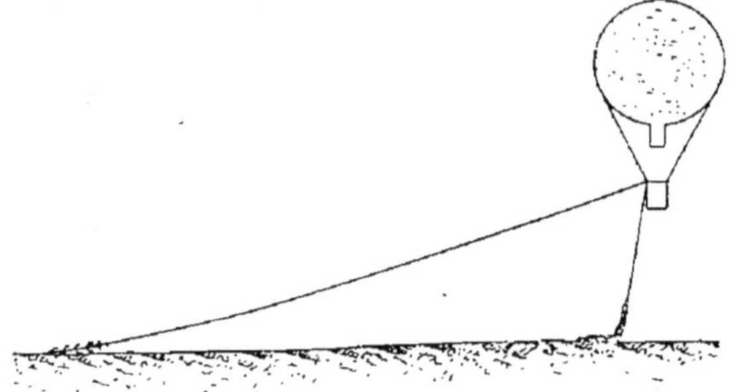

Fig. 35.

rable ; lorsqu'elle dépasse 40 kilomètres, on ne peut guère compter sur des arrêts obtenus par les moyens énoncés ci-dessus. C'est le cas aussi lorsqu'on se trouve au-dessus d'un terrain rocheux ou très dur sur lequel l'ancre n'a aucune prise, et qu'on ne rencontre sur son chemin aucun arbre ni aucun obstacle susceptible de provoquer l'arrêt. Même par des vents relativement modérés, et sur des terres meubles, les ancres articulées peuvent être inefficaces ; il en est de même quand la culture, foin ou céréales, est très élevée, car alors les dents des ancres entraînent avec elles de l'herbe ou de la paille qui se pelotonnent sur l'ancre et l'empêchent de mordre.

Il faudra bien en pareil cas intervertir l'ordre normal des opérations, et se rapprocher du sol avant d'avoir arrêté le mouvement horizontal ; mais, nous le répétons, cette manœuvre doit être considérée comme exceptionnelle ; aussi avant de l'examiner, nous allons voir comment, le ballon supposé arrêté, on peut amener la nacelle au contact du sol.

Descente définitive après l'arrêt. — Nous supposons donc le ballon captif sur son guide-rope ou

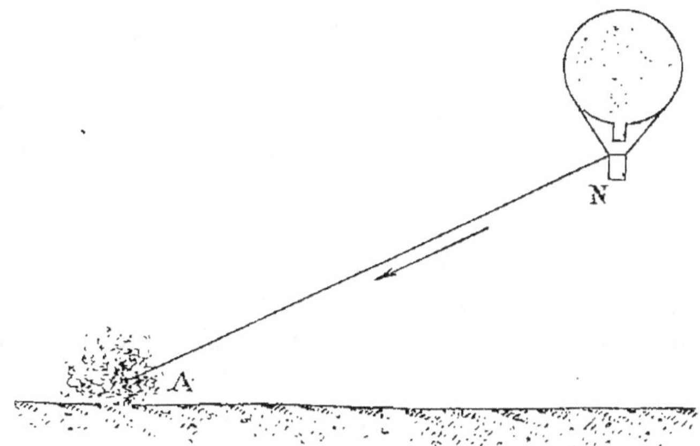

Fig. 36.

sur sa corde d'ancre. La nacelle se trouve, par suite, à une certaine distance en avant du point d'attache, comme l'indique la figure 36. Il peut alors se présenter deux cas : ou bien on se fait aider des habitants, ou bien on ne peut compter que sur soi-même.

Descente avec l'aide des habitants. — Si l'on peut se faire aider des habitants, il semble que la chose du monde la plus simple serait de les inviter à tirer sur la corde d'ancre ou sur le guide-rope. Mais en leur demandant cela, on leur impose un effort qui peut être considérable. D'une part, en effet, il leur faut combattre la force ascensionnelle, qui en général est

peu de chose, cette force étant réduite à 10 kilogrammes
à 20 au plus, au moment du guide-ropage. D'autre
part, ils doivent, en outre, vaincre l'effort du vent
qui peut atteindre plusieurs centaines de kilogrammes
si le vent est un peu fort ; il est donc impossible pratiquement de leur demander d'amener le ballon à
terre en tirant à eux la corde d'ancre ou le guide-rope
dans le sens de la flèche (fig. 36).

Le moyen qu'ils peuvent employer est de saisir la
corde le plus haut possible, et de faire effort pour
l'amener à terre, puis de marcher de proche en proche
depuis le point d'attache A jusque vers la nacelle N,
qu'ils ramèneront ainsi progressivement, mais sans
chercher à la rapprocher du point d'attache. De cette
façon ils n'auront à lutter que contre la force ascensionnelle, le point d'attache résistant à l'effort du vent.
Ce procédé réussit admirablement avec des hommes
exercés, mais comme la plupart du temps, les paysans
voient un ballon pour la première fois, il est, dans
la pratique, à peu près impossible de le leur faire
employer.

Aussi est-il commode de recourir à une corde de
secours. On donne ce nom à un bout de corde que
les aéronautes jettent de la nacelle et qui pend verticalement sous eux. On invite les habitants à s'en saisir,
et à ramener la nacelle au sol. Le ballon ne cesse pas
d'être maintenu par sa corde d'ancre ou son guide-
rope qui restent tendus et décrit ainsi une courbe NP
jusqu'au contact du sol, fig. 37. Pendant cette opération, la force du vent étant équilibrée par la tension
de la grosse corde, les personnes qui agissent sur la
corde de secours n'ont à vaincre que la force ascensionnelle, et amènent sans aucune difficulté la nacelle
au contact du sol.

La corde du stabilisateur peut, dans certains cas, tenir lieu de corde de secours si elle arrive au contact du sol. On peut, d'ailleurs, toujours obtenir ce résultat en donnant des coups de soupape.

Descente à la soupape. — Si pour une cause ou pour une autre on ne peut compter sur le secours des

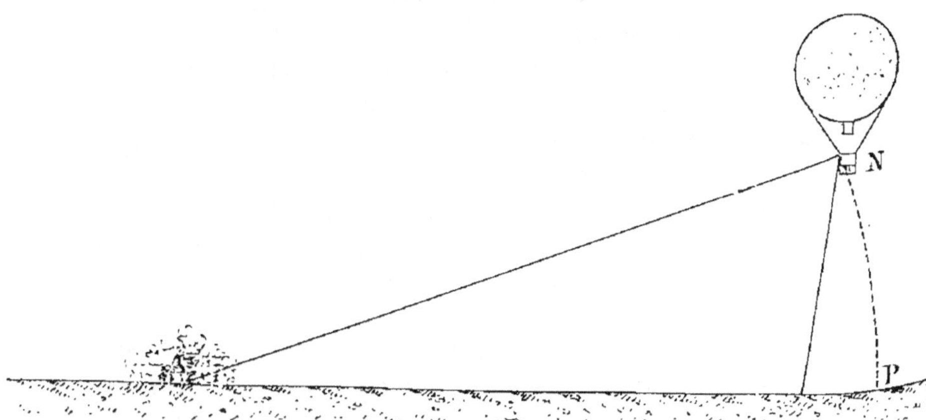

Fig. 37.

habitants, il faut, une fois captif, gagner le sol par ses propres moyens. Le procédé consiste à jouer de la soupape de manière à perdre progressivement de la force ascensionnelle restante, et à arriver ainsi au contact du sol. Ce procédé ne présente en général pas de grandes difficultés. Si l'on possède un stabilisateur traînant à terre on peut aussi se hâler sur sa corde en la ramenant progressivement dans la nacelle. Comme la force ascensionnelle est assez faible pour qu'une partie du stabilisateur soit déposée sur le sol on n'arrivera à ramener cet engin dans la nacelle qu'en la faisant descendre jusqu'à terre, car le ballon n'est plus capable de porter le poids déposé.

Descente avant l'arrêt final. — Nous venons de voir qu'il n'est pas toujours possible d'opérer l'atterrissage dans les conditions normales, c'est-à-dire de s'arrêter d'abord et d'amener la nacelle ensuite au contact du sol. Les moyens d'arrêt dont on dispose, penvent en effet être inefficaces. Dans ce cas, il n'y a qu'à se résigner à prendre le contact du sol avant de s'arrêter. La seule façon de revenir à terre, est de diminuer progressivement sa force ascensionnelle en évacuant une certaine quantité de gaz ; c'est le rôle de la soupape supérieure et des autres orifices que l'on peut ouvrir dans le ballon à cet effet.

Pour comprendre les manœuvres à faire en pareil cas, il faut se rendre compte du rôle de la soupape, en général, et en particulier dans cette période finale d'ascension.

Soupapes. — Il ne peut entrer dans le cadre de cette étude de décrire les différents modèles de soupapes, que nous supposons connus du lecteur. Nous ferons seulement remarquer que telle qu'elle a été imaginée en 1783 par le physicien Charles, la soupape ne comportait qu'une seule manœuvre, que l'on peut appeler réversible, c'est-à-dire que l'on pouvait à volonté ouvrir l'orifice supérieur et le fermer. Cette réversibilité est nécessaire lorsqu'on manœuvre la soupape en cours d'ascension ; mais lorsqu'on arrive à la fin, et qu'on est résolu à atterrir et à dégonfler son ballon, il n'y a aucune utilité à ce que la soupape une fois ouverte puisse se refermer. D'autre part, il n'y a évidemment aucun inconvénient à ce qu'après avoir ouvert un orifice, même dans le but de vider complètement le ballon, il soit possible de le fermer ultérieurement ; c'est une faculté dont on n'a nul besoin mais qui, en théorie, ne gêne pas. Dans la pratique, il en est tout autrement. Le fait de permettre une manœuvre réversible impose à la soupape des dimensions restreintes, sous peine de donner à cet organe un poids absolument prohibitif. S'il en est ainsi, l'évacuation par la manœuvre réversible est forcément assez lente, ce qui au moment de l'atterrissage par grand vent peut avoir de très graves inconvénients. Avec les soupapes manœuvrables par le tirage d'une corde, comme c'est le cas général, cet inconvénient s'aggrave du fait que la soupape ne peut rester ouverte qu'à la condition que l'aéronaute exerce un effort continuel sur la corde ; cela devient fatiguant à la longue, et peut même devenir impossible en cas de traînage prolongé.

Les traînages tragiques qui ont terminé un certain nombre d'ascensions autrefois n'en ont pas d'autre cause. Nous citerons, en particulier, celui de l'aérostat « Le Géant » dans les plaines du Hanovre, vers 1865. Ce ballon, comme son nom l'indique, était d'un volume considérable, plusieurs milliers de mètres cubes. Il avait une soupape de faible dimension, et le vent étant violent au moment de l'atterrissage, on dut se résigner à descendre d'abord, sauf à s'arrêter ensuite. Tant que le ballon resta en l'air la manœuvre de la soupape fut facile, mais une fois le traînage commencé l'aérostat fut couché par la rafale, le ballon entraîna dans une course folle la nacelle, dont une des parois latérales labourait le sol, pendant que les aéronautes étaient abominablement secoués. Pour maintenir la soupape constamment ouverte, il aurait fallu faire sur sa corde un effort continu, mais c'était impossible dans de telles conditions ; car, d'une part, les aéronautes étaient dans une situation extrêmement incommode ; d'autre part, en raison des aspérités du terrain, les mouvements de l'aérostat étaient fort irréguliers. Tantôt la nacelle se rapprochait du ballon, ce qui refermait la soupape ; tantôt elle s'en éloignait, et la soupape se rouvrait ; mais à ce moment la corde éprouvait une tension brusque qui fatiguait beaucoup, et qui à la longue finit par blesser les aéronautes qui la maintenaient tendue. C'était donc au milieu de difficultés et de dangers imminents que l'on arrivait à ouvrir la soupape d'une façon intermittente. Il fallait néanmoins se résigner à ces dangers, car l'évacuation du gaz était le seul moyen de mettre fin à ce périlleux voyage. Par bonheur, au bout de quelques kilomètres, le ballon vint se déchirer contre des fils télégraphiques et s'arrêta instantanément.

De semblables accidents comportent en eux un enseignement. Toutefois, la seule conclusion qu'on parut en tirer vers cette époque, fut que les ballons libres étaient un mode de locomotion extrêmement dangereux. Quelques aéronautes, frappés du fait que la déchirure du ballon avait mis fin à la période critique, pensèrent qu'on pourrait préparer cette déchirure, et permettre à l'aéronaute en cas de besoin de la pratiquer. On donna bien le nom de *corde de déchirure* au dispositif à employer dans ce sens ; mais, à ma connaissance, peu d'aérostàts en furent munis ; en tous cas, aucune expérience concluante ne fut faite.

Ce n'est que dix ans plus tard, à la suite d'un accident dû au mauvais fonctionnement d'une soupape que le capitaine Charles Renard, qui en avait été l'une des victimes, songea à remédier aux défectuosités de cet organe. Il reconnut la nécessité de munir la soupape de deux orifices distincts, l'un pour la manœuvre réversible, l'autre pour le dégonflement final. L'orifice destiné à la manœuvre réversible n'a nul besoin d'une très grande section ; le capitaine Charles Renard jugea suffisant d'avoir un orifice capable d'évacuer dans la première minute de son ouverture 1/30 du volume du ballon. Quant à l'orifice de dégonflement final, auquel il donna le nom d'orifice de déclanchement, il lui assigna une section double de la précédente, le rendant ainsi capable d'évacuer 1/15 du volume du ballon pendant la première minute. Avec un semblable orifice, on pouvait donc vider le ballon en un peu plus d'une demi heure, car la pression diminuant au fur et à mesure de l'évacuation, le débit de l'orifice diminue aussi. Pratiquement on pouvait admettre qu'au bout d'un quart d'heure à 20 minutes le ballon ne possédait plus un volume suffisant pour être entraîné par le vent et que le traînage s'arrêterait par conséquent dans ce délai.

L'orifice de déclanchement s'ouvre en exerçant une fois pour toutes une traction sur un cordage dont l'extrémité pend à portée de l'aéronaute. Cet effort fait, il n'y a plus à s'inquiéter de rien, et le gaz s'échappe librement.

Pour la manœuvre réversible, le capitaine Charles Renard avait été surtout préoccupé de la nécessité d'assurer l'étanchéité de la soupape après un nombre quelconque d'ouvertures momentanées. Les anciennes soupapes étaient loin de posséder cette propriété, et l'on admettait en principe que lorsqu'elles avaient été ouvertes une première fois, elles cessaient définitivement d'être étanches. Il imagina dans ce but un dispositif assez compliqué, mais d'un fonctionnement très sûr, qu'il est inutile de décrire ici ; il convient seulement de mentionner que la manœuvre se faisait non pas par traction d'une corde, mais par insufflation d'air, au moyen d'une poire en caoutchouc, manœuvre toujours possible et sans effort. La manœuvre d'un robinet permettait, d'ailleurs, de maintenir la soupape ouverte pendant une période indéterminée ; c'était une sécurité de plus en cas de mauvais fonctionnement de l'orifice de déclanchement. On pouvait, en effet, ouvrir ainsi d'une manière permanente l'orifice de la manœuvre réversible, et amener sans difficulté le dégonflement dans un délai plus long il est vrai, mais d'une manière infaillible.

Emploi de deux orifices distincts pour la manœuvre réversible et le dégonflement final, — détermination des sections à donner à ces orifices, — facilité de léur manœuvre sans aucun effort permanent, telles étaient les améliorations introduites par le capitaine Charles Renard dans la soupape des ballons libres.

De semblables soupapes furent adaptées aux ballons militaires d'un petit volume (500 à 700 mètres), qui, gonflés d'hydrogène, servaient aux ascensions du personnel de l'établissement de Chalais. Elles donnèrent toute satisfaction. Néanmoins, en cas de trainage, les dégonflements étaient encore assez longs pour qu'on eût à craindre des accidents. Il fallait donc qu'on pût en cas de besoin arrêter instantanément le mouvement horizontal en vidant le ballon par un orifice énorme. Dans ce but on reprit à Chalais vers 1889 l'étude de la question des cordes de déchirure, et après quelques tâtonnements on arriva à un dispositif réunissant toutes les conditions désirables, c'est-à-dire ne compromettant en rien la solidité du ballon, présentant toutes les garanties pour ne pas fonctionner d'une façon inopinée sans l'intervention de la volonté de l'aéronaute, enfin permettant d'ouvrir un orifice de dimensions suffisantes pour provoquer un dégonflement total en quelques secondes.

Ainsi, indépendamment de l'appendice, servant aux évacuations automatiques en cas d'excès de pression, un ballon libre se trouvait muni de trois orifices pour l'évacuation volontaire du gaz : orifice de manœuvre réversible, orifice de déclanchement, et orifice de déchirure. Lorsque quelques années après, on eut à construire à Chalais des aérostats de plus grandes dimensions, et à prévoir leur gonflement par le gaz d'éclairage, on dut reconnaître que la construction de soupapes Renard présentant les orifices nécessaires à ces ballons serait coûteuse, et que ces appareils auraient un poids exagéré. On étudia le moyen de parer à ces inconvénients sans nuire aux propriétés essentielles des soupapes. On y parvient en munissant la soupape d'un seul orifice, celui de la manœuvre réversible, dont les dimensions sont plus restreintes. Quant à l'orifice de déclanchement, on le pratiqua en dehors de la soupape dans la partie supérieure de l'étoffe du ballon. Ce dispositif, est analogue à celui de la déchirure. La manœuvre est la même, mais la construction est faite de telle sorte que la surface d'étoffe enlevée soit rigoureusement limitée à quelques décimètres carrés, d'où le nom de « déchirure limitée » donné à ce dispositif par opposition à la « déchirure totale ». On jugea, en outre, inutile de conserver pour ces grosses soupapes la manœuvre par insufflation d'air, et on recourut, comme dans les anciennes soupapes, à une corde, mais en prenant les dispositions convenables pour assurer l'étanchéité complète après chaque manœuvre.

L'aéronaute a donc à manœuvrer trois cordes : l'une blanche, dite corde de soupape, pour la manœuvre réversible ; l'autre bleue, dite corde de déchirure limitée pour le dégonflement final dans les conditions normales ; et la troisième rouge, dite corde de déchirure totale, pour ouvrir le ballon complètement quand on veut mettre fin à un traînage. Les dispositions de détail avaient pu changer, mais les principes restaient les mêmes. Nous allons voir comment il faut se servir de ces moyens de manœuvre ; mais auparavant il est bon de décrire le traînage dont nous avons fréquemment parlé sans dire exactement ce que c'est.

Traînage. — Lorsque les moyens d'arrêt sont insuffisants, il faut que la nacelle prenne le contact du sol avant que la vitesse horizontale soit détruite. Si l'on ne dispose dans ce but que d'une soupape à orifice restreint, voici comment les choses se passent.

Au moment où il se dispose à atterrir, l'aéronaute ouvre sa soupape, le ballon descend petit à petit, dépose complètement son guide-rope et les autres cordes pendantes ; la nacelle arrive à toucher le sol généralement par une de ses arêtes inférieures ; en vertu de la vitesse acquise, le ballon continue à descendre, et les cordages de la suspension et de la partie inférieure du filet mollissent un instant. Momentanément déchargé du poids de la nacelle et de tout ce qu'elle contient, le ballon prend une force ascensionnelle positive et se met à remonter. En remontant il tend les cordages et, en vertu de sa force vive, soulève la nacelle. Mais comme la force ascensionnelle devient négative dès que la nacelle est soulevée, le mouvement vers le haut s'arrête rapidement, et la nacelle vient de nouveau choquer le sol.

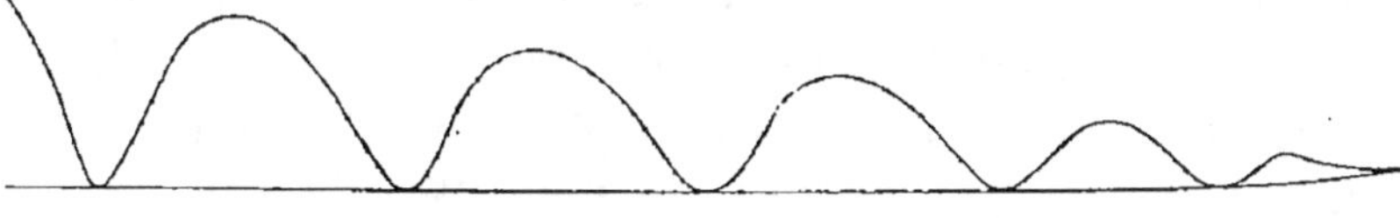

Fig. 38.

Là un nouveau bond se produit pour les mêmes causes, et ainsi de suite.

Si après le premier contact de la nacelle et du sol, on referme l'orifice d'évacuation du gaz, ces bonds

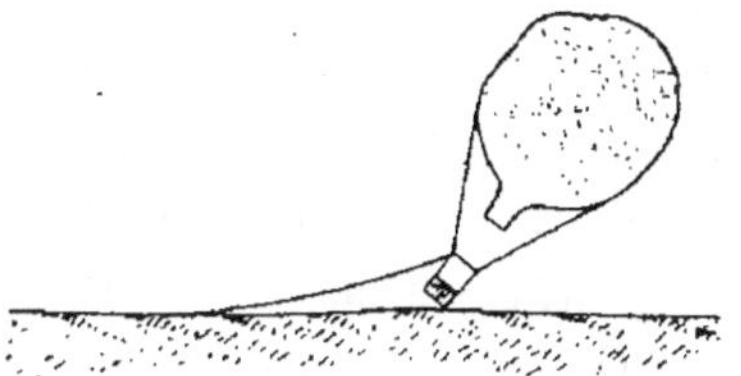

Fig. 39.

pourraient se prolonger indéfiniment au plus grand détriment des aéronautes ; si au contraire on maintient la soupape constamment ouverte, à chaque nouveau contact avec la terre, la force ascensionnelle

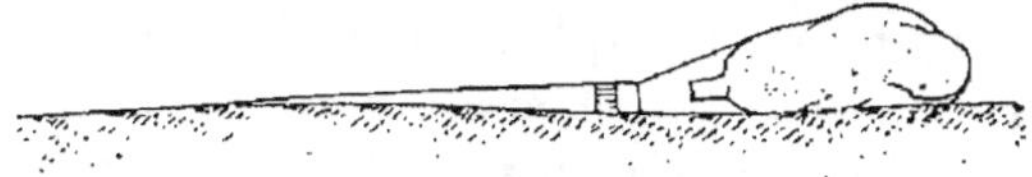

Fig. 40.

a diminué ; chaque bon est moins haut que le précédent, et finalement l'amplitude de ces bonds se réduit à rien, comme le montre la figure 38. Quand on a évacué assez de gaz pour que le ballon ne soulève plus la nacelle, la série des bonds est finie et le traînage commence. Le ballon est alors couché en avant de la nacelle dont les parois latérales sont inclinées vers l'avant comme le montre la figure 39. Au fur et à mesure que le gaz s'échappe, l'inclinason de la nacelle augmente, et finalement la paroi qui était en avant devient horizontale ; la nacelle est complètement couchée sur le flanc comme le représente la figure 40. Le traînage continue, la nacelle raclant le sol comme une drague. Cela ne cesse que lorsque le ballon est assez dégonflé pour ne plus donner une vent qu'une prise insuffisante qui ne permet plus à celui-ci de vaincre le frottement de l'aérostat contre le sol.

Il est inutile d'insister sur les désagréments et les dangers que peut présenter une semblable navigation. Les traînages étaient autrefois très fréquents, mais grâce au perfectionnement des organes d'arrêt et des soupapes, grâce aussi à l'habileté croissante des aéronautes, ils sont aujourd'hui très rares, et quand on ne peut les éviter, ils sont généralement courts.

Manœuvre en cas d'atterrissage par grand vent. — Il y a aujourd'hui une école d'aéronautes qui trouvent extrêmement commode d'arrêter le mouvement du ballon par l'emploi de la corde de déchirure, et préconisent ce procédé comme un mode de manœuvre unique à employer dans toutes circonstances. Au risque de passer pour vieux jeu, je déclare très nettement que tel n'est pas mon avis. On doit, en principe, atterrir à la façon normale, c'est-à-dire s'arrêter d'abord et descendre ensuite jusqu'à terre. Ce n'est qu'après s'être convaincu de l'impossibilité de cette manœuvre, qu'il faut intervertir les choses, et descendre d'abord pour s'arrêter ensuite comme on pourra. Mais je vais plus loin. Quand on s'est décidé à ce que j'appellerai l'atterrissage anormal, c'est-à-dire à ne s'arrêter que par suite du dégonflement du ballon, on ne doit recourir à la corde de déchirure qu'en cas de nécessité, et en tout cas ne s'en servir qu'après avoir utilisé les autres orifices de dégonflement.

Poussant à l'extrême ces principes, je serais disposé à conseiller de se servir d'abord uniquement de la manœuvre réversible de la soupape pour amener la nacelle au contact du sol. On se résignerait alors à subir un premier choc suivi d'un premier bond ; c'est au moment même où l'on subirait ce choc, qu'il conviendrait d'ouvrir l'orifice de déclanchement ou la déchirure limitée, ce qui est la même chose. Encore ne faudrait-il pas le faire sans s'être assuré que l'on a devant soi un terrain propice à l'atterrissage sur une étendue suffisante étant donnée la vitesse du vent.

Après la manœuvre de l'orifice de déclanchement, on pourrait subir un deuxième choc, suivi d'un ou plusieurs bonds, mais ces bonds iraient rapidement en s'amortissant et ne seraient pas très redoutables, à la condition, bien entendu, de se suspendre aux cordes au moment du choc. Il peut arriver qu'à la suite de ces bonds, ou au commencement du traînage, le ballon soit arrêté par son ancre ou par l'intervention des habitants. Le frottement de la nacelle contre le sol facilite en effet singulièrement la tâche de ceux-ci et augmente l'efficacité des organes d'arrêt. Mais il ne faut pas compter là-dessus, et on doit admettre que le traînage ne doit pas avoir lieu, ou que, s'il se produit, on y met fin immédiatement au moyen de la corde de déchirure.

Manœuvre de la corde de déchirure. — La corde de déchirure est un engin admirable qui met fin immédiatement aux atterrissages les plus mouvementés ; mais c'est une arme à deux tranchants. Si on la manœuvre lorsque le ballon est à une certaine hauteur, il peut en résulter de véritables chutes et un choc violent dans le sens vertical. Or nous avons vu à propos de la descente qu'un bon aéronaute ne doit jamais subir de choc vertical intense ; on peut, en effet, toujours les éviter, et c'est bien assez d'être exposé aux chocs horizontaux dont on n'est pas maître. Pour mon compte, le seul accident que j'ai eu à regretter au cours des nombreuses ascensions que j'ai pilotées, (fracture du péroné d'un de mes compagnons de voyage) est dû à une manœuvre intempestive de la corde de déchirure.

On doit poser en règle absolue, qu'on ne doit manœuvrer la corde de déchirure qu'au moment où la nacelle est en contact avec le sol. Si l'aérostat fait des bonds successifs, il faut donc profiter de l'instant où la nacelle touche terre pour faire cette manœuvre. Un retard de quelques secondes risque de provoquer la déchirure alors que le ballon est déjà au sommet du bond suivant ; c'est alors une chute brutale. Une fois résolu à déchirer son ballon, l'aéronaute doit donc se tenir prêt à le faire instantanément, et passer sans hésitation à l'exécution de cette manœuvre au moment opportun,

La manœuvre successive des trois orifices de soupape doit être considérée comme règle générale : manœuvre réversible pour amener le premier contact avec le sol, — déchirure limitée au moment du premier choc ; — déchirure totale au moment où les bonds finissent et où le traînage va commencer. Il est certain qu'un aéronaute habile peut abréger ce que nous appellerions les formalités finales ; il peut raccourcir les intervalles entre les trois manœuvres, et surtout entre les dernières ; mais que les novices n'abusent pas de ce procédé ; il vaut mieux subir quelques chocs de médiocre importance, que casser les membres de ses compagnons de voyage ou les siens propres, par suite d'une manœuvre prématurée.

Orientation à donner à la déchirure totale. — La corde de déchirure est toujours disposée de manière à ouvrir le ballon parallèlement à un méridien ; suivant les dispositions, l'ouverture peut correspondre à un angle inférieur, égal ou supérieur à 90° ; cela n'a pas grande importance, car une fois la déchirure amorcée, elle se prolonge généralement au delà de ce qu'on avait prévu.

Faut-il placer le méridien de déchirure à l'avant du ballon, c'est-à-dire du côté opposé au point d'attache de tous les cordages d'arrêt, ou à l'arrière, c'est-à-dire vers ce point d'attache ?

Lorsqu'on place la corde de déchirure à l'avant, aussitôt que l'ouverture est béante le gaz s'échappe abondamment, le vent pousse la partie arrière de l'étoffe de manière à combler le vide laissé par le gaz évacué ; le ballon prend alors la forme indiquée figure 41 ; l'étoffe de la partie arrière agit comme une sorte de piston, et continue à hâter l'évacuation du gaz ; le dégonflement se fait ainsi très rapidement. pour ainsi dire instantanément. Comme c'est précisément le but qu'on se propose d'atteindre au moyen

de la corde de déchirure, on doit considérer cette
disposition comme parfaitement rationnelle. Mais,
en raison de l'instantanéité même du dégonflement,
il faut ne pas oublier qu'on ne doit sous aucun prétexte ouvrir la déchirure totale lorsque la nacelle est
éloignée du sol.

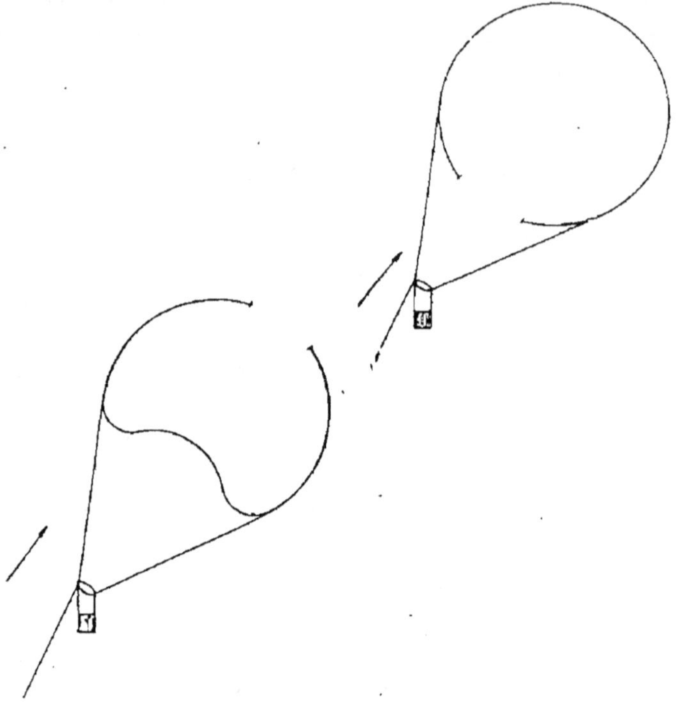

Fig. 41-42.

Quand, au contraire, on place la corde de déchirure à l'arrière, une fois l'ouverture pratiquée, les
deux lèvres se séparent et forment un orifice analogue à celui que représente la figure 42. Dans le cas
précédent le gaz s'échappait presque instantanément
par cet orifice; mais, dans le cas actuel, le vent s'y
engouffre, si bien que le gaz éprouve une certaine

difficulté à s'échapper, et qu'au lieu de sortir par l'orifice entier, il part presque exclusivement par la partie supérieure, et pendant ce temps il est remplacé par de l'air. Le dégonflement se trouve ainsi retardé, et quand le gaz est complètement évacué, le ballon peut se maintenir gonflé à la manière d'un parachute par suite du courant d'air qu'il reçoit. Il en résulte deux conséquences : l'une, avantageuse, consiste en un ralentissement du mouvement de descente de l'aérostat si la nacelle n'est pas au contact du sol ; on peut donc avec ce dispositif se permettre de déchirer à une hauteur assez notable. Par contre, le dégonflement n'est pas instantané ; même après l'évacuation du gaz, le ballon peut continuer à faire voile et à être entraîné par le vent. On pourra donc avoir un certain traînage et ne pas bénéficier aussi complètement de l'emploi de la corde de déchirure.

Par conséquent, si la corde de déchirure placée à l'arrière rend son emploi moins dangereux entre les mains d'un aéronaute inexpérimenté, les pilotes habiles devront préférer sa position à l'avant qui permet un dégonflement plus rapide et, par suite, la suppression radicale du traînage.

Cordes et objets divers pendant au-dessous de la nacelle. — Nous avons eu à plusieurs reprises l'occasion de parler des cordages suspendus à l'aérostat, et descendant d'une certaine longueur au-dessous du niveau inférieur de la nacelle. Nous en avons mentionné 4 jusqu'ici : le guide-rope, le stabilisateur ou serpent, la corde d'ancre, et la corde de secours ; on peut en ajouter un cinquième, c'est un cordage auquel on suspend, enfermées dans un sac ou un petit filet, les bâches qui serviront à l'emballage du ballon ou de la nacelle pour le retour, et d'autres objets analogues ne craignant pas les chocs. Nous donnerons à l'ensemble de ces objets le nom de sac à bâches.

Ces bâches ne servent de rien au cours du voyage, mais comme elles doivent être d'une grande utilité après l'ascension, il faut se garder de les jeter comme lest, à moins de cas de force majeure. Mais sans s'exposer à les perdre, on peut les utiliser pour amortir les chocs verticaux ; il suffit de les laisser pendre à quelques mètres au-dessous de la nacelle, et lorsqu'elles touchent terre, la vitesse de descente se trouve immédiatement ralentie en raison du délestage ; le dépôt de ce poids peut même suffire la plupart du temps à prévenir le contact de la nacelle avec le sol.

A propos de toutes ces cordes pendantes, il n'est pas inutile de répéter ce qui a été dit au début, c'est qu'aucune d'elle ne doit être amarrée à la nacelle même, mais au cercle de suspension, de sorte que, lorsqu'elles s'accrochent quelque part, leur traction se produise sur le cercle et non sur la nacelle, et qu'ainsi les aéronautes ne risquent pas d'être projetés hors de celle-ci. De plus, il est bon de les amarrer toutes du même côté du cercle, c'est-à-dire de repartir les points d'attaches dans un seul tiers de la circonférence, afin que l'arrière de la nacelle reste toujours sensiblement le même, quelle que soit celle dès cordes qui vienne à s'accrocher.

Quant aux longueurs de ces cordes, elles doivent décroître dans l'ordre suivant :

Guide-rope	100 à 120	mètres
Corde de secours	60 à 80	»
Corde d'ancre.	35 à 40	»
Serpent	15 à 20	»
Sac à bâches	10 à 12	»

Les longueurs peuvent varier plus ou moins, mais l'ordre de décroissance doit toujours rester le même. Il est facile d'en saisir les motifs.

Le guide-rope doit être la plus longue de toutes ces cordes pendantes, puisque durant tout le guide-ro-page elle seule doit avoir le contact du sol. Si la corde de secours doit comme on le sait pendre verticalement après l'arrêt, elle doit être plus courte que la corde maintenue fixe et qui en raison du vend prend une position inclinée. Mais comme l'arrêt peut être produit soit par le guide-rope soit par la corde d'ancre, c'est en raison de la longueur du guide-rope et non de celle de la corde d'ancre qu'il faut déterminer celle de la corde de secours. On peut trouver qu'il y a une grande différence entre la longueur du guide-rope et celle de la corde de secours, et que si le guide-rope se tient très rapproché de la verticale, la corde de secours pourra ne pas arriver à terre. C'est exact, mais il convient de remarquer que dans ce cas le vent sera nécessairement faible, et que, par conséquent, on n'aura pas de difficulté à haler sur le guide-rope même.

La corde d'ancre doit être plus courte que le guide-rope, mais assez longue pour qu'une fois la prise faite, le ballon reste encore à un niveau suffisant au-dessus des obstacles communs.

La corde du serpent doit être notablement plus courte que la corde d'ancre, de manière qu'on puisse en déposant le serpent à terre donner à la corde d'ancre une direction assez voisine de l'horizontale pour favoriser l'accrochage. Il faut toutefois ne pas trop raccourcir la corde du serpent afin de maintenir la nacelle au-dessus des obstacles habituels.

Quant à la corde du sac à bâche, elle sera la plus

courte de toutes. Cet engin pouvant facilement s'accrocher, il ne faut pas qu'il rencontre le sol avant l'arrêt définitif.

On remarquera qu'en cas d'arrêt au moyen de l'ancre, en raison du peu de longueur de la corde qui relie cet engin à l'aérostat, le serpent ou la corde du sac à bâches peuvent faire souvent l'office de corde de secours.

IX

Ensemble d'une ascension libre classique.

Nous avons étudié successivement les cinq phases d'une ascension libre classique. La figure 43 représente le diagramme d'ensemble. On donne ce nom à une courbe dont les ordonnées sont proportionnelles aux altitudes atteintes par l'aérostat ; quant aux abscisses, on peut les faire soit proportionnelles à la projection du chemin parcouru sur le sol, et on obtient ce qu'on appelle un diagramme kilométrique ; soit proportionnelles au temps écoulé, et l'on a un diagramme horaire. C'est un diagramme de cette nature que représente la figure. On a tracé au-dessous les sinuosités du sol sous-jacent, mais elles ne donnent pas exactement le profit du terrain au-dessus duquel est passé le ballon, car les distances entre deux points consécutifs peuvent être altérées par suite des variations de la vitesse de l'aérostat. Si on trace des lignes verticales correspondant à des distances parcourues de 10 en 10 kilomètres par exemple, le resserrement ou l'écartement de ces lignes indiquera les variations de la vitesse de translation ; plus elles seront serrées, plus naturellement les déplacements auront été rapides.

On a distingué sur ce diagramme les cinq phases de

l'ascension. Nous n'avons rien de particulier à dire sur la première, départ, ni sur les deux dernières, guide-ropage et atterrissage. Les deuxième et troisième, navigation normale et descente, présentent plus d'intérêt. On constatera ainsi que nous l'avons vu, que pendant la marche normale la zone de plénitude et, par conséquent, celle d'équilibre supérieur

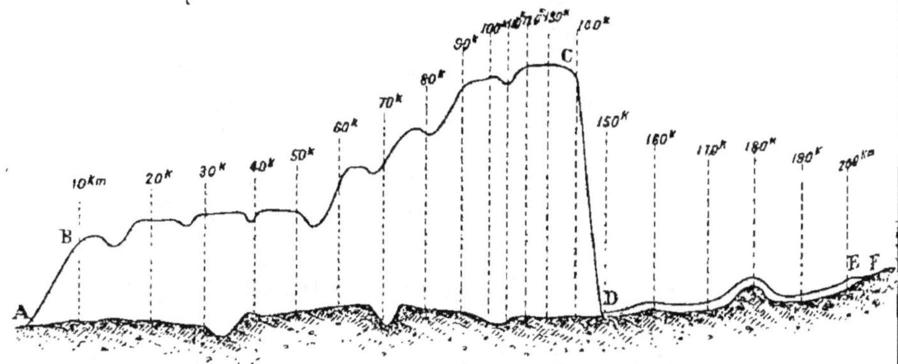

Fig. 43.

AB, Départ ; BC, Navigation normale ; CD, Descente ; DE, Guide-ropage ; EF, Atterrissage.

va en montant progressivement ; la descente, au contraire, est généralement brusque, de sorte que plus l'aéronaute est haut, plus il est prêt du terme de son voyage.

C'est là une de ces vérités à apparence paradoxale qui abondent en aérostation : c'est ainsi, par exemple, que pendant les descentes on n'est pas obligé de manœuvrer la soupape, mais le plus souvent de jeter du lest ; c'est ainsi également qu'en navigation normale on ne jette pas de lest pour le plaisir de monter, mais on en jette malgré soi pour éviter de descendre.

En examinant notre diagramme, on remarquera que

le temps consacré aux phases impaires, départ, descente, et atterrissage, est relativement court et n'influe pas beaucoup sur la durée totale de l'ascension ; la navigation normale, au contraire, et le guide-ropage peuvent être prolongés de façon très variable. Si l'on admet que le criterium de l'habileté de l'aéronaute est la durée totale du voyage, c'est pendant les deuxième et quatrième parties de celui-ci qu'il pourra faire preuve de son aptitude professionnelle. Mais il convient de remarquer que pendant le guide-ropage on est sujet à beaucoup plus d'aléa que pendant la navigation normale : les accrochages inopinés, les interventions intempestives des habitants, les régions sur lesquelles il est impossible de laisser traîner la corde, tout cela peut abréger cette phase de l'ascension, et malgré toute son habileté, le pilote peut se trouver arrêté d'un moment à l'autre comme par un sort jaloux.

En marche normale, il n'en est pas de même. Certes, l'équilibrage peut être perdu plus ou moins brusquement, peut être plus ou moins difficile à rétablir ; mais malgré tout, le principal facteur de la durée de cette phase de l'ascension est et restera longtemps, toujours peut-être, l'habileté de l'aéronaute, habileté qui consistera uniquement dans la manière judicieuse de dépenser son lest.

Cette habileté ne s'acquiert pas en un jour, et nous ne saurions trop conseiller à l'aéronaute désireux de l'acquérir, de commencer par se pénétrer des règles que nous avons formulées à propos de cette partie de l'ascension, et de les appliquer d'abord avec la brutalité d'une machine. Ce n'est que petit à petit et à force d'expérience qu'il pourra s'en affranchir, et améliorer sa manœuvre. Avant d'atteindre ce résultat, il aura toujours la satisfaction d'opérer d'une façon rationnelle, en ne s'exposant que très rarement à des mécomptes. En cela comme en toutes choses, avant d'être un virtuose, il faut s'astreindre à apprendre et appliquer les règles de son art.

CHAPITRE X

***

Ascensions non classiques.

L'ascension telle que nous l'avons décrite dans les chapitres III à VIII doit être considérée comme la règle générale, quand on se propose de faire simplement un voyage aussi long que possible. Mais si tel doit être la plupart du temps le but de l'aéronaute, il peut néanmoins s'en proposer d'autres.

Ascensions de distance. -- On peut, par exemple, chercher à franchir la plus grande distance possible avant de reprendre terre. Sauf le cas, très exceptionnel, où il se trouve des vents d'allures, extrêmement différentes à diverses hauteurs comprises dans la zone accessible, le meilleur moyen de parcourir beaucoup de chemin est de rester en l'air le plus longtemps qu'on peut. Ces deux genres d'ascension, de durée et de distance, se confondent donc presque toujours, et les règles du premier cas s'appliquent au deuxième.

Lorsqu'il n'en est pas ainsi, on peut avoir intérét à gagner le plus tôt possible la zone de vent rapide et à s'y maintenir. Si cette zone est élevée, il faut jeter du lest sans attendre d'y être forcé par des amorces de mouvement descendant ; en ce cas il n'y a pas de grandes difficultés.

Si, au contraire, la zone des vents rapides est relativement basse, il faut s'efforcer de s'y maintenir le plus longtemps possible, ce qui peut présenter de grandes difficultés. Lorsqu'on l'a dépassée il ne faut guère espérer y revenir, car avec un ballon flasque, comme le ballon le sera lors de la descente, l'équilibre ne peut être maintenu sans une dépense exagérée de lest et de gaz, et le voyage sera notablement abrégé. Aussi la plupart du temps serait-il préférable de se résigner à rester en l'air plus longtemps, même avec un vent moins rapide.

Si l'on possède un ballonnet, les choses changent, et l'on peut se maintenir longtemps avec grande facilité à une zone d'équilibre inférieure, et par conséquent profiter beaucoup plus facilement des courants de vitesses différentes.

Ascensions d'altitude. — Pour monter le plus haut possible, il n'y a qu'un seul procédé, c'est de dépenser la plus grande quantité de lest qu'on peut ; qu'on dépense ce lest lentement ou rapidement, le résultat final sera à peu près le même : on sera obligé de cesser de monter quand il n'en restera plus que la quantité jugée nécessaire à la bonne exécution de la descente et des manœuvres finales.

Rien ne s'oppose donc en principe à ce qu'une ascension d'altitude soit conduite de la même manière qu'une ascension de durée. Toutefois en raison des fatigues de ce genre de voyage, on préfère, en pratique, l'abréger ; pour cela on dépense systématiquement son lest sans attendre d'y être obligé pour éviter une descente, et l'on monte ainsi d'une façon continue. Le diagramme d'une ascension d'altitude se présentera donc comme le montre la figure 44 : la partie ascendante aura une forme toute différente de celle de la figure 43, mais la partie descendante sera la même.

Les acensions en altitude présentent un double danger.

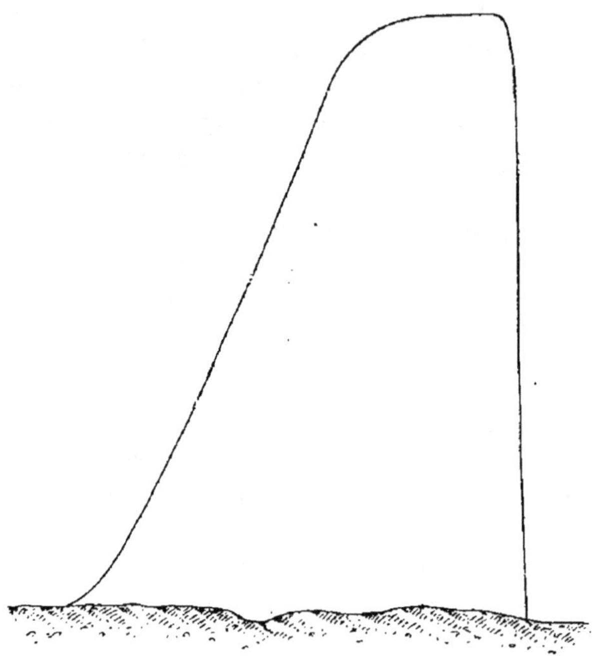

Fig. 44.

Le premier est de s'asphyxier dans les régions où l'air est extrémement raréfié. Contre ce danger on peut indiquer diverses précautions. La première est de ne pas entreprendre d'ascension en altitude sans avoir fait constater l'intégrité de ses fonctions respiratoires et cardiaques. La deuxième est de ne pas partir à moins de deux afin de pouvoir se prêter un mutuel secours. La troisième consiste à s'élever lenment, d'un à deux mètres par seconde par exemple, afin d'habituer petit à petit ses organes à la dépression. La quatrième enfin consiste à emporter de l'oxygène ; mais pour que cette précaution ne soit pas illusoire, il faut emporter un appareil qui permette de respirer ce gaz sans avoir aucune manœuvre ni aucun effort à faire ; on peut, en effet, se trouver par suite de la dépression dans un tel état d'atonie, qu'on soit incapable du moindre mouvement, et en particulier de s'introduire dans la bouche l'extrémité du tube par lequel l'oxygène s'échappe de son réservoir.

On ne court généralement aucun danger d'asphyxie au-dessous de 7 500 mètres d'altitude.

Un autre danger moins connu du public et d'ordre en partie moral, est de ne pas réserver suffisamment de lest pour la descente ; le but étant de s'élever aussi haut que possible, on a une tendance très explicable à jeter du lest et encore du lest afin d'atteindre le but désiré, si bien qu'une fois arrivé au moment de descendre, on ne peut plus appliquer les règles spéciales à cette phase, et que la vitesse verticale peut dépasser les limites prescrites par la prudence. C'est là la cause d'un double danger. Le premier, que nous connaissons déjà, c'est le choc vertical qui doit terminer la descente, et qui peut être très nuisible aux aéronautes si la chute est rapide. Mais en même temps il y a autant de raisons, plus peut-être, au point de vue physiologique, d'éviter les descentes rapides que les montées brusques, car les organes doivent s'habituer progressivement à l'augmentation de pression comme à sa diminution.

On ne saurait donc trop recommander aux aéronautes qui veulent exécuter des ascensions en alti-

tude, de mettre de côté avant le départ, d'une façon
absolument séparée, le lest réservé pour la descente,
et de n'entamer, sous aucun prétexte cette provision,
fût-ce dans le but d'augmenter encore la hauteur
atteinte.

Ascensions à montée rapide. — Parmi les cas
qui peuvent conduire à s'écarter de la forme classique
des ascensions, il en est un qui mérite une mention

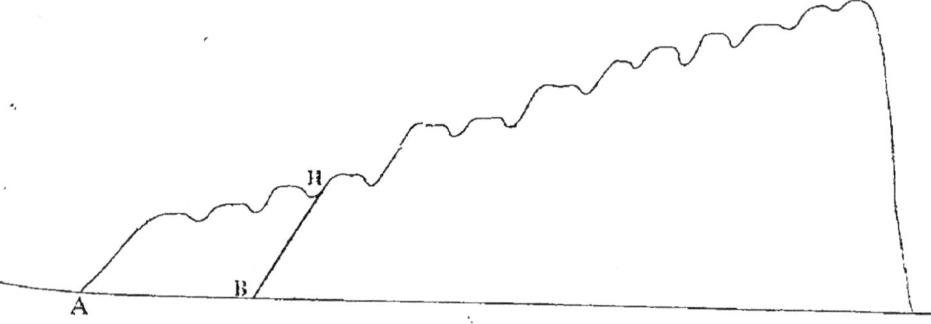

Fig, 45.

spéciale, c'est celui où l'on a une raison sérieuse de
s'élever assez rapidement à une hauteur donnée.
Le cas se présente en temps de guerre quand on
veut échapper aux projectiles ennemis. Le meilleur
moyen est de passer à une hauteur notable au-dessus
des troupes de l'adversaire ; on admet généralement
qu'à partir de 1 500 mètres on ne court plus aucun
risque sous ce rapport.

Un voyage de cette nature commence de la même
manière qu'une ascension en altitude, c'est-à-dire
qu'on dépense systématiquement son lest d'une
façon continue jusqu'à l'altitude voulue ; après quoi
on prend la marche normale de l'ascension classique.

Cette manière de procéder à pour effet d'abréger

forcément d'une certaine quantité la durée de l'ascension ; c'est ce que montre la figure 45. Pour parvenir au point H on suivra une trajectoire telle que BH, tandis qu'en ascension classique on se serait élevé en pente douce suivant AH. A partir du point H les fins de voyage sont identiques. La longueur totale se trouvera donc réduite de toute la partie correspondant à la longueur AB.

Descentes provoquées. — Dans l'ascension classique, nous avons supposé qu'on cherchait avant tout à rester en l'air le plus longtemps possible, et qu'on se résignait à descendre une fois la provision de lest épuisée, sauf la réserve. Dans ces conditions, pour prolonger le voyage il n'y a évidemment qu'une chose à faire, c'est d'attendre que la descente se produise d'elle-même, et à ce moment de manœuvrer non pas pour arrêter le mouvement vers le bas, mais pour en modérer l'allure.

Il peut arriver que l'on procède autrement, et nous avons déjà envisagé cette hypothèse pour le cas où l'on ne veut pas dépasser un point déterminé, tel que le voisinage de la mer, une frontière interdite, une zone très boisée ou très peuplée, ou traversée de nombreuses lignes électriques de transport de force ou de lumière, dans lesquelles les atterrissages seraient difficiles. Lorsqu'il en est ainsi, on se décide à opérer la descente sans avoir épuisé le lest disponible. Si elle ne se produit pas spontanément, on la provoque par quelques coups de soupape. Nous reviendrons ultérieurement sur la manière de manœuvre cet organe en pareil cas.

Une autre circonstance peut conduire à effectuer une descente prématurée, c'est quand, arrivé au-dessus d'une région très favorable au guide-ropage, on veut descendre tout exprès pour pratiquer ce mode de voyage tant que le terrain s'y prête, sauf à remonter ultérieurement. Dans ce cas, le diagramme présentera une forme analogue à celle de la figure 46. Il faut remarquer qu'après être descendu du point H et avoir guide-ropé entre les points A et B, on ne

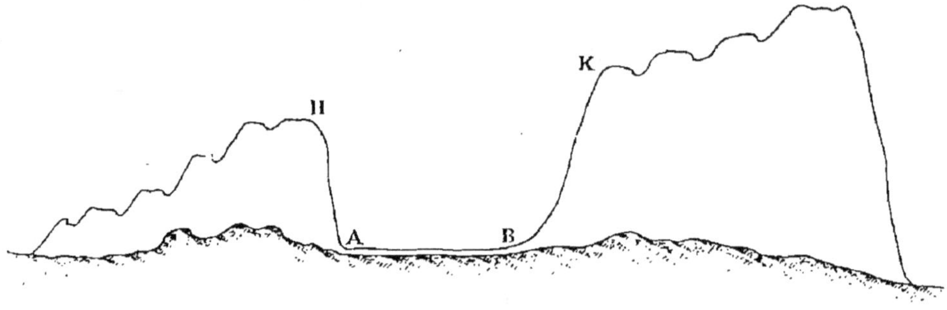

Fig. 46.

retrouvera sa zone d'équilibre qu'en K, à une hauteur plus grande que H, en raison de la dépense de lest faite pendant la descente.

Cette manœuvre pourra abréger ou prolonger l'ascension suivant que le temps employé à parcourir la partie HABK du diagramme sera plus courte ou plus longue que celui qu'on aurait employé à passer de la hauteur H à la hauteur K en marche normale.

Départ sur guide-rope. — Si la région d'où l'on s'élève est favorable au guide-ropage, rien n'empêche de commencer par cette navigation; c'est ce qu'on appelle « partir sur son guide-rope ». Dans ce cas l'ascension présente au début un diagramme analogue à la figure 47. Si le terrain est assez vaste, le mieux est d'allonger avant le départ son guide-rope et son serpent sur le sol. On peut étendre ces cordages soit du côté d'où vient le vent, soit au contraire du côté où il va, ou même, si le terrain s'y prête, dans une direction perpendiculaire ou oblique. Le second procédé donne des départs plus agréables, mais peut occasionner des enchevêtrements de cordages ; avec le premier, au contraire, on ne court aucun risque de cette nature ; quant au troisième

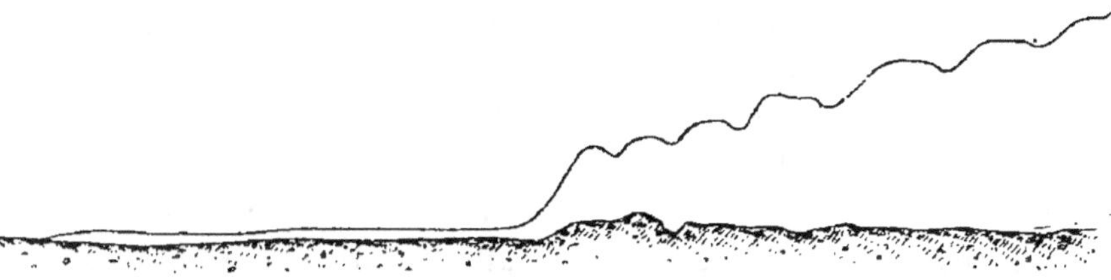

Fig. 47.

procédé on ne peut l'employer que si le terrain est complètement dégagé dans tous les sens autour du point de départ.

Après avoir allongé le guide-rope et le serpent, on procède à la pesée, et on jette le lest successivement de manière à ne laisser traîner au début qu'à peu près la moitié de la longueur du guide-rope.

Départ avec ballon flasque. — Dans la plupart des ascensions, il y a intérêt à partir avec ballon plein ; c'est, en effet, le moyen d'emporter le plus de lest possible, et comme, d'autre part, la durée du voyage, toutes choses égales d'ailleurs, sans être rigoureusement proportionnelle au poids de lest emporté, augmente en même temps que cette quantité, c'est le meilleur moyen d'avoir une durée de voyage maximum.

Mais si l'on désire s'élever vite, soit pour une ascension en altitude, soit pour une ascension à montée rapide, on est conduit, nous l'avons vu, à dépenser son lest d'une manière continue sans attendre que cette dépense soit imposée par des amorces de mouvement descendant. Si l'on jette son lest régulièrement, le résultat de cette manœuvre revient à monter avec une force ascensionnelle à peu près constante. Supposons, par exemple, qu'avec un ballon de 1 000 mètres cubes gonflé de gaz d'éclairage ayant une force ascensionnelle de 700 grammes, on veuille s'élever vite à la hauteur de 1 500 mètres, il faudra pour y arriver dépenser une quantité de lest telle que le délestage relatif soit égal à la dépression relative (chapitre I, n° 4). Dans le cas particulier la dépression relative à la hauteur de 1 500 mètres étant de 0,171, il faudra jeter une quantité de lest égale au produit de la force ascensionnelle totale 700 kilogrammes par la même fraction, soit 120 kilogrammes. Qu'on le jette en bloc, ou par intervalles, ou d'une manière continue, le résultat final sera le même, et plus on l'aura jeté vite plus rapidement on aura atteint l'altitude désirée.

Mais si l'on était parti avec un ballon flasque présentant une vacuité relative égale à la dépression relative, ce ballon étant équilibré à terre, si l'on jette une quantité de lest de 10 kilogrammes par exemple, il va monter d'une façon continue jusqu'à ce qu'il soit plein (chapitre I, n° 14) et s'arrêtera dans le voisinage de l'altitude cherchée. On aura donc obtenu le même résultat en jetant moins de lest, ce qui est peu important, puisqu'on en avait moins au départ, et qu'une fois arrivé à 1 500 mètres la quantité restante sera la même. Mais on aura économisé environ 170 mètres cubes de gaz. Dans ce cas on peut donc admettre et même conseiller les départs avec ballon flasque.

Toutefois, il convient de faire une remarque, c'est qu'il est beaucoup plus difficile d'apprécier le degré de vacuité d'un ballon que de savoir quelle quantité de lest on jette ; aussi, en opérant de cette sorte, il faudra toujours laisser remplir le ballon plus qu'il ne serait nécessaire théoriquement, de manière à être certain que le vide ne dépasse pas la fraction voulue du volume totale. Dans l'exemple précédent on laisserait, par exemple, un vide évalué à l'œil à

Fig. 48.

120 mètres cubes. De cette manière le ballon se trouverait plein avant d'avoir atteint l'altitude cherchée ; et on gagnerait celle-ci par quelques projections de lest faites à partir de la zone de plénitude.

Atterrissage au plus près. — Il arrive parfois, surtout dans les concours, que le but d'une ascension est de descendre le plus près d'un point ou d'une ligne donnée. S'il s'agit d'une ligne, ou si le point choisi se trouve être dans la direction de la trajectoire que le vent fait décrire à l'aérostat, le problème est d'une solution relativement facile ; il suffit de provoquer la descente et d'en régler la vitesse de manière à prendre terre le plus près possible du point ou de la ligne indiquée. On manœuvre alors comme dans une ascension ordinaire, avec cette différence que, ainsi que le montre la figure 48, on provoque la

descente de manière à arriver soit au but lui-même,
soit à guide-roper à partir du point A situé en avant
du but et à se laisser porter au guide-rope jusqu'au
point désiré.

Si le point désigné ne se trouve pas sur la trajectoire décrite par le ballon, et si le vent a une direction uniforme, il n'y a qu'à procéder comme le re-

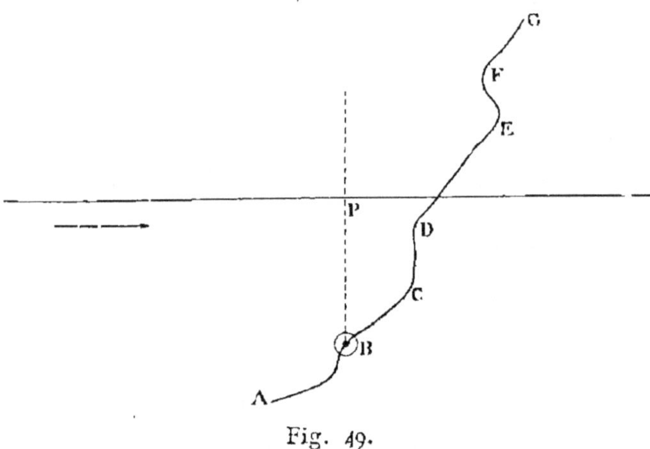

Fig. 49.

présente la figure 49, qui montre en plan la trajectoire du ballon et le point à atteindre. Il faut descendre le plus près possible du pied P de la perpendiculaire abaissée du but B sur la projection horizontale de la trajectoire. Le problème est alors le même
que celui de descendre le plus près d'une ligne
donnée, mais ici la ligne à atteindre est la droite fic-
tive BP au lieu d'être une ligne plus ou moins sinueuse tracée sur le sol par des chemins, rivières, etc.,
telle que A, B, C, D, E, F, G.

Si le vent change de direction à différentes hauteurs, un aéronaute habile peut profiter de cette circonstance pour atteindre le but de très près. Ces conditions atmosphériques sont assez rares, et lorsqu'elles

se produisent, les vents différents ont des directions relativement voisines l'une de l'autre. Supposons, par exemple, qu'aux environs de 500 mètres règne un vent soufflant dans la direction AC (fig. 50) et que

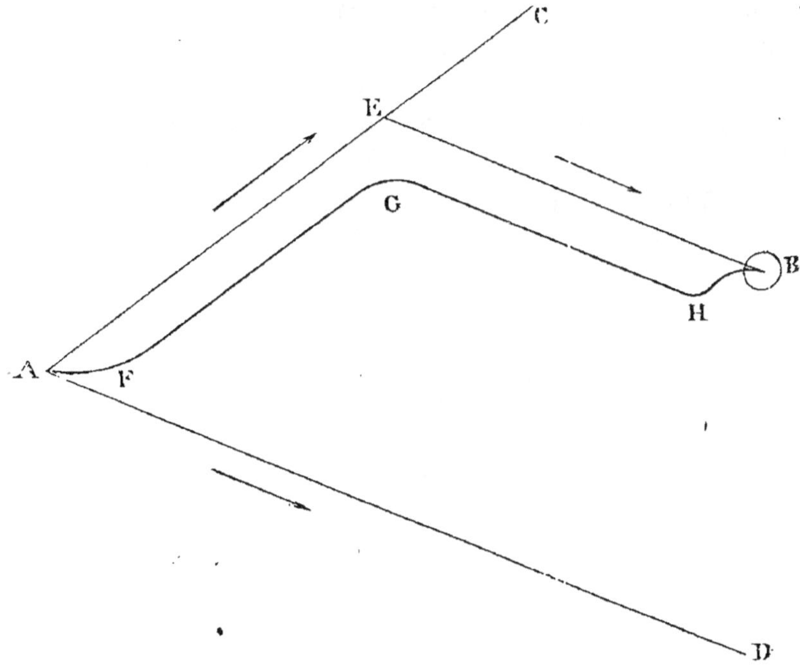

Fig. 50.

vers 1 000 mètres il souffle dans la direction AD. Le but B se trouve dans l'intérieur de l'angle CAD ; dans ce cas, en se maintenant pendant une partie du voyage vers 500 mètres et pendant une autre partie vers 1 000 mètres, puis en effectuant sa descente, l'aéronaute pourra décrire en plan la ligne brisée AEB et atteindre ainsi le but. Dans la pratique les choses ne seront pas si simples, et pendant les périodes où il passera d'une couche à une autre il se trouvera des directions intermédiaires si bien qu'en réalité s'il arrive au but ce sera par une trajectoire plus ou moins sinueuse, telle que AFGHB. En passant plus fréquemment d'une zone à une autre on aura des trajectoires plus compliquées. Les manœuvres de ce genre sont délicates, en ce sens que l'aéronaute ne sait pas, en général, au moment du départ quelles sont les directions du vent aux diverses hauteurs, il perd donc un certain temps avant de s'en rendre compte et ce n'est qu'ensuite qu'il peut manœuvrer suivant l'ordre d'idées que nous venons d'indiquer.

CHAPITRE XI

Règle générale applicable à toutes les ascensions.

Quelque compliqué que soit le diagramme d'une ascension, pour qu'un aéronaute soit considéré comme habile manœuvrier et pour qu'il soit satisfait de lui-même, il faut qu'il sache toujours dans quelle phase de l'ascension classique il se trouve. Il peut à son gré passer de l'une à l'autre de ces phases, suivant qu'il le juge convenable, mais à la condition de le faire toujours sciemment, et, une fois la décision prise, de manœuvrer suivant les règles de la phase qu'il a choisie.

Un aéronaute qui, ayant l'intention de se maintenir en marche normale, manquerait de décision pour dépenser son lest en temps opportun, ou le jetterait avec une parcimonie exagérée, finirait par se laisser descendre à terre en dépit de son intention de rester en l'air ; en pareil cas, il aurait opéré au hasard et maladroitement. Il en serait de même, par exemple, si voulant descendre à terre il se laissait émotionner par la rapidité du mouvement vertical et, au lieu de modérer méthodiquement sa descente jetait sans discernement une quantité de lest telle qu'il provoquerait une remontée. Un aéronaute qui désirant cesser de guide-roper hésiterait à jeter rapidement la quantité de lest nécessaire et se laisserait accrocher à l'obstacle qu'il voulait éviter ; — un autre qui désirant simplement se relever de 10 ou 20 mètres pour échapper au contact de la nacelle avec un arbre, jetterait tellement de lest qu'il décollerait son guide-rope et repartirait sans l'avoir voulu pour les régions élevées ; — ces aéronautes devraient être appréciés très sévèrement comme manœuvriers ; on pourrait dire d'eux qu'ils ne savent ni ce qu'ils veulent ni ce qu'ils font, ce qui est le plus grave reproche qu'on puisse adresser à un aéronaute. On pourrait multiplier les exemples de ce genre.

Le ballon libre n'obéit à son pilote que dans des limites très restreintes et d'une façon précaire ; mais encore faut-il que celui-ci sache profiter des moyens réduits dont il dispose, et soit le maître de son navire aérien, autant que la nature de cet appareil et les lois de la physique le lui permettent.

Se décider rationnellement à choisir telle ou telle phase de l'ascension classique, et, une fois ce choix fait, manœuvrer conformément aux règles correspondant à la phase choisie, telles sont, nous ne saurions trop le répéter, les deux parties essentielles du rôle de l'aéronaute pilote.

CHAPITRE XII

Emploi de la soupape.

Cet organe est-il réellement utile ? — En lisant les règles de l'ascension classique, on peut constater que, sauf pour l'atterrissage, il n'est pas question de la soupape. On pourrait donc croire, à la rigueur, qu'il serait possible de la supprimer. Il est certain qu'il y a des ascensions, et assez nombreuses, au cours desquelles on n'a pas à se servir de la soupape si ce n'est pour le dégonflement final. Dans ce cas l'orifice de déclanchement, la déchirure totale, ou la déchirure limitée seraient amplement suffisants et il n'y aurait pas besoin de recourir à la manœuvre réversible.

C'est de l'usage de cette manœuvre qu'il est indispensable de dire ici quelques mots. Elle est utile dans deux cas que nous allons successivement examiner.

Descentes provoquées. — Le premier cas, dont nous avons déjà parlé, est celui où l'on ne veut pas, pour une raison ou pour une autre, attendre que la descente se produise d'elle-même, et où l'on veut la provoquer. La pratique des anciens aéronautes, et peut-être aussi celle de quelques aéronautes contemporains, consiste à donner en pareil cas ce qu'on appelle de vigoureux coups de soupape, c'est-à-dire à lâcher le gaz à grands flots pour provoquer une descente rapide ; il arrive même parfois que pendant la descente on éprouve le besoin d'accélérer l'allure en lâchant du gaz de plus en plus. Il semblerait que les aéronautes ont, dans ces circonstances, une véritable peur de ne pas arriver à terre assez vite. Cette manière de procéder n'est guère conforme à la règle générale formulée au paragraphe précédent et peut provoquer des descentes très rapides qui dégénèrent en véritables chutes et se terminent souvent par des accidents plus ou moins graves. Ce n'est pas ainsi que doit procéder un bon aéronaute.

Lorsqu'il juge utile de provoquer une descente par des coups de soupape, il doit se dire que cette descente devra, au même titre que celles qui sont spontanées, s'opérer à une vitesse réglée, et qu'autant que possible cette vitesse ne devra pas dépasser celle qu'on tolère dans la descente normale. Nous avons vu que cette vitesse était fixée à deux mètres par seconde. La première chose à faire est donc de calculer le temps qu'on mettra pour descendre à cette allure. Supposons qu'on soit à 2 000 mètres de hauteur ; la descente demandera 1 000 secondes, c'est-à-dire 16 minutes 40 secondes. Comme, en pareille matière, une précision exagérée n'a aucun sens, admettons que la descente durera 20 minutes. Comme on ne prendra pas immédiatement la vitesse voulue, il est prudent de compter largement et d'admettre que la descente durera 30 à 40 minutes. D'autre part, il est indispensable, ainsi que nous l'avons dit, de toujours connaître la vitesse du vent ; supposons qu'elle soit de 40 kilomètres à l'heure : 30 minutes représenteront une distance de 20 kilomètres ; il faut donc s'attendre à effectuer, tout en descendant, un parcours horizontal de cette longueur. C'est par suite au minimum 20 kilomètres avant d'atteindre la zone à éviter qu'il faut provoquer la descente.

C'est contre cette règle que pèchent la plupart du temps les aéronautes, lorsqu'ils arrivent, par exemple, dans le voisinage de la mer ; ils se décident trop tard à effectuer leur descente et sont contraints de l'exécuter à des vitesses excessives ; et malgré cela, ils risquent de manquer le rivage. C'est à une cause de ce genre qu'on doit attribuer le triste accident survenu au commencement d'avril 1909.

On se rappelle que, d'après l'enseignement du colonel Renard, j'ai conseillé de manœuvrer le lest pendant la marche normal par quantités égales appelées rations de lest. Pour manœuvrer judicieusement la soupape, il faut procéder d'une manière analogue, c'est-à-dire donner de temps à autre des coups de soupape aussi égaux que possible de sorte que chacun d'eux lâche une quantité déterminée de gaz, que nous appellerons ration de gaz. Il n'est pas si difficile d'y arriver qu'on le croirait à première vue. Lorsque, comme c'est le cas général, la manœuvre réversible de la soupape se fait au moyen d'une corde qu'on tire, on peut apprécier la quantité de gaz évacuée d'après la durée d'ouverture de la soupape. On la maintient ouverte pendant un nombre déterminé de secondes qui, en général, ne dépasse pas 5. On peut d'ailleurs s'en rendre compte d'une manière exacte par une expérience faite à terre ; il suffit, après avoir pesé le ballon bien exactement à l'abri du vent, de le délester d'une quantité déterminée de manière à le faire monter. On le maintient à une hauteur de 50 centimètres à un mètre du sol, et on ouvre la soupape jusqu'à ce qu'il ait perdu la force ascensionnelle égale à son délestage. On compte le nombre de secondes nécessaires pour obtenir ce résultat, et on en déduit la perte de force ascensionnelle par seconde. Si l'on s'astreint à ce que la ration évacuée à chaque coup de soupape soit équivalente à la ration de lest dont nous avons parlé antérieurement, il sera facile de calculer le nombre de secondes pendant lesquelles il faut maintenir la soupape ouverte pour obtenir ce résultat. Nous appellerons désormais « coup de soupape » l'opération qui consiste à ouvrir la soupape pendant le nombre de secondes nécessaires pour évacuer une ration de gaz. Il est vrai que le débit ne sera pas le même à toutes les altitudes, mais la différence est peu importante et on pourrait approximativement en tenir compte en augmentant la durée de l'ouverture d'un dixième de sa valeur par kilomètre d'altitude au-dessus du niveau de la mer. Mais à mon avis c'est chercher la petite bête, et il vaut beaucoup mieux, pour éviter toute erreur de manœuvre adopter une durée d'ouverture constante à toute hauteur.

Le coup de soupape étant ainsi défini, lorsqu'on se décide à provoquer la descente, on observe le baromètre et on donne un coup de soupape. On ne perd pas des yeux l'aiguille du baromètre et on observe l'effet de la manœuvre. Si on continue à monter ou si on ne descend pas, on donne un nouveau coup de soupape au bout d'un intervalle d'une demi-minute par exemple, et on continue ainsi jusqu'à ce qu'on ait un mouvement descendant franchement dessiné. A partir de ce moment il y a diverses manières de procéder.

La première consiste à opérer comme dans une descente normale non provoquée, c'est-à-dire, ainsi qu'on l'a vu au chapitre VI, à observer le baromètre à intervalles périodiques, et à jeter une ration de lest quand la vitesse de descente dépasse la limite fixée, soit, en général. 2 mètres par seconde. Ce procédé, nous l'avons dit, a pour effet de laisser la descente se ralentir autant qu'elle veut, et de s'opposer seulement à son accélération. Dans une descente normale, cela n'a aucun inconvénient ; mais quand la durée de la descente est limitée, on risquerait d'atterrir au delà de la zone interdite ; aussi convient-il de modifier cette règle suivant les circonstances.

Le premier moyen consiste à tolérer une vitesse plus grande, 3 mètres par exemple ; l'adoption de cette règle conduira généralement à une descente suffisamment rapide.

Il peut arriver, néanmoins, que par ce moyen on ait des descentes toujours trop lentes. Si, en effet, elles se maintiennent automatiquement aux environs de 50 centimètres ou d'un mètre par seconde sans s'accélérer, que l'on tolère comme maximum 2 m., 3 mètres, ou 4 mètres, cela ne changera absolument rien puisqu'on n'aura pas occasion de faire usage de la tolérance. Il faut dans ce cas, exceptionnel d'ailleurs, accélérer la vitesse de descente au moyen de la soupape ; mais si cette nécessité est reconnue, ce n'est pas une raison pour procéder à l'aveuglette. La règle générale à adopter est de se fixer deux limites extrêmes l'une supérieure et l'autre inférieure, dire par exemple que la vitesse doit être comprise entre 2 mètres et 3 mètres par seconde. Cela fait, on observera le baromètre de demi-minute en demi-minute, et lorsqu'on constatera une vitesse inférieure à 2 mètres on donnera un coup de soupape ; si la vitesse est comprise entre les deux limites on ne fera rien ; si elle est supérieure à 3 mètres, on jettera une ration de lest. Ce procédé est infaillible, et il réduit au minimum la dépense de lest et celle de gaz. Lorsqu'on l'applique, on arrive souvent à ce que l'une de ces dépenses est la conséquence forcée de l'autre ; après un ou deux coups de soupape, la vitesse s'accélère, on est obligé de jeter fréquemment des rations de lest, ce qui peut amener à donner de nouveaux coups de soupapes, et ainsi de suite. C'est pour cela que je préfère le réglage des descentes par le lest seul ; mais il ne faut pas hésiter à employer en temps voulu les deux moyens lorsqu'il y a un intérêt grave à atterrir dans un délai déterminé.

Ce qu'il faut retenir, c'est que, quoi qu'il arrive, la manœuvre de la soupape doit, comme celle du lest, être méthodique, et que, à moins de circonstances si imprévues que je n'en ai jamais rencontré personnellement aucune, il n'est jamais nécessaire de laisser la soupape ouverte d'une manière continue. Il est impossible, en effet, de constater les résultats d'une telle manœuvre de soupape, et les aéronautes qui s'y livrent donne une preuve manifeste de leur incapacité professionnelle.

La soupape exerce toutefois une influence mystérieuse sur certains tempéraments ; le seul fait d'y toucher affole les aéronautes novices, et quelquefois d'autres plus expérimentés. Pour mon compte, j'ai toujours considéré cet affolement comme une preuve de l'inaptitude temporaire ou permanente au pilotage des ascensions libres, et quand j'ai eu à émettre mon avis sur des candidats au brevet d'aéronaute militaire, j'ai toujours été impitoyable pour ceux qui manifestaient cet affolement ; il en est même qui ne s'en sont jamais guéris, et que, malgré des qualités intellectuelles et morales très appréciables d'ailleurs, et en dépit de multiples ascensions, j'ai toujours refusé obstinément de proposer pour le brevet.

Cas où l'on doit éviter de remonter. — Il y a un autre cas, beaucoup plus fréquent, qui oblige à se servir de la soupape, c'est celui où, après être descendu, on ne veut plus remonter. Cette décision de s'abstenir d'une nouvelle ascension ne résulte pas en général d'un caprice de l'aéronaute; elle lui est souvent imposée par les circonstances.

Supposons un ballon qui ait atteint l'altitude de 2 000 mètres, et qui à ce moment soit descendu parce qu'il ne lui restait plus que la quantité de lest nécessaire à la descente et aux manœuvres finales. Il arrive à terre ayant épuisé son lest de descente, et il continue sa marche en guide-rope avec l'intention de ne s'arrêter que pour atterrir définitivement. Mais, pour une cause quelconque, le ballon s'allège, le guide-rope se soulève peu à peu, et à un moment donné l'allègement total étant supérieur au poids de la corde déposée à terre, celle-ci quitte le sol, et le ballon revient à l'état de liberté complète. Que va-t-il faire? Il est flasque, il a de la force ascensionnelle : il va donc monter jusqu'à ce qu'il ait atteint sa zone de plénitude, c'est-à-dire la hauteur de 2 000 mètres, d'où il est descendu. A partir de ce moment, il continuera de monter en vertu de sa force ascensionnelle supplémentaire, et dépassera d'une certaine quantité l'altitude de 2 000 mètres pour s'arrêter, par exemple, à 2 500 mètres. Après y avoir séjourné un certain temps, il devra descendre soit spontanément, soit par un coup de soupape. Mais pour faire une descente semblable dans de bonnes conditions, il faut disposer d'une quantité de lest supérieure à celle qui était nécessaire pour descendre de 2 000 mètres ; or ce lest on ne l'a plus. On pourra en emprunter un peu à celui qui était destiné aux manœuvres finales ; malgré tout on risquera de faire une descente trop rapide, probablement dangereuse ; en admettant même qu'on la réussisse, on arrivera à terre avec une quantité de lest insuffisante pour les manœuvres finales d'atterrissage.

Il faut donc s'opposer à tout prix à cette remontée. Le moyen d'y parvenir est de donner des coups de soupape dès qu'on s'aperçoit que le guide-rope quitte le sol. Pas plus d'ailleurs dans ce cas que dans le précédent, il n'est nécessaire d'ouvrir la soupape d'une façon continue. Il faut donner un coup de soupape, en observer l'effet, recommencer après un certain temps, une fraction de minute, jusqu'à ce qu'on constate que le mouvement ascendant est enrayé, puis tranformé en descente. Sitôt que celle-ci commence, ce qui arrive généralement après une ascension de quelques centaines de mètres, on se trouve en période de descente normale et généralement, si l'on applique la règle de manœuvre prescrite en pareil cas, on constate que la vitesse n'a pas le temps de s'exagérer, et que l'emploi du lest est inutile ou peu s'en faut. Il n'en serait pas ainsi si l'on donnait des coups de soupape continus ; on arriverait à terre avec une vitesse que rien ne permet de calculer d'avance.

Sur dix circonstances où l'on est amené à utiliser la manœuvre réversible de la soupape, il y en a neuf qui rentrent dans le cas précédent. C'est pour ne s'être pas rendu compte de la nécessité ou l'on est

parfois d'éviter une nouvelle montée, que certains
aéronautes ont eu des descentes pénibles. Mais cette
nécessité est plus impérieuse que jamais si, à quelque
distance en avant de soi, se trouve la mer ou une
région interdite pour un motif quelconque. Je vais
en donner comme exemple pratique une descente
que j'ai eu à effectuer dans la Loire-Inférieure aux
environs d'Ancenis. C'est, d'ailleurs la seule fois
qu'au cours d'une ascension libre j'aie couru quelque
danger ; il est même plus exact de dire que mes
compagnons et moi n'en avons couru aucun, mais
que nous aurions pu être gravement exposés si
j'avais commis une seule fausse manœuvre.

Nous étions partis de Chalais à trois, dans un
ballon de 630 mètres cubes gonflé d'hydrogène.
L'ascension s'était admirablement passée sans aucun
incident, mais nous avions un vent d'Est-Nord-Est
soufflant à la vitesse de 60 à 80 kilomètres à l'heure.
Ayant dépassé la rivière de la Mayenne, je me décidai à laisser la descente s'effectuer. Elle se fit sans
encombre, et, bien équilibrés sur notre guide-rope,
nous parcourûmes sans incident une cinquantaine de
kilomètres. En raison de la vitesse du vent il ne
fallait pas songer à se faire arrêter par les habitants ;
je pris donc la résolution de ne me servir de l'ancre.
Nous parcourions un plateau élevé d'une cinquantaine de mètres au-dessus du niveau de la mer, et
creusé, de temps à autre, de petites vallées plus ou
moins profondes. Nous marchions, d'ailleurs, de
manière à rencontrer très obliquement la vallée de
la Loire. Je me décidai à atterrir avant le fleuve et à
profiter pour cela, du premier vallon que je couperai-
rais. La nacelle était assez près du sol pour qu'on
pût larguer l'ancre brusquement ; je comptais qu'elle

mordrait sur une crète, et que, suivant une méthode classique, nous nous trouverions captifs au-dessus d'un vallon et relativement abrités du vent pour la descente finale et le dégonflement.

Bientôt après se présenta le vallon désiré, dont je connaissais d'ailleurs l'existence d'après la carte. Par une bonne chance sa crète était garnie d'arbres du côté ne notre arrivée, et tout devait aller à souhait. Je larguai l'ancre en arrivant au-dessus des

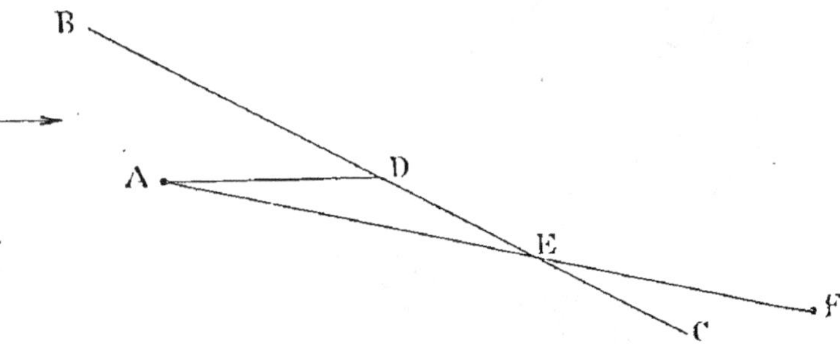

Fig. 51.

arbres ; elle mordit parfaitement et nous fûmes captifs par un vent violent. Des habitants d'un village voisin accoururent à notre aide, nous leur jetâmes la corde de secours qu'ils parvinrent à saisir. Le vent faisait dans les arbres et dans le ballon un tapage assourdissant ; nous pûmes cependant faire comprendre à nos aides qu'ils devaient tirer sur la corde de secours pour nous amener jusqu'à terre. Mais pendant ces explications le ballon oscillait autour de son point d'attache dans le sens vertical, et comme d'autre part, le vent n'avait pas aux abords du sol une direction parfaitement régulière le ballon oscillait également dans le plan horizontal. Comme le montre la figure 51 qui représente un plan du terrain, la direction du vallon n'était pas perpendiculaire à la route suivie par l'aérostat, mais la coupait très obliquement, si bien qu'entre le point d'attache A de la corde d'ancre au-dessus des arbres, et la lisière BC du bois, il y avait dans la direction de la trajectoire une longueur AD assez grande. Or, à toutes

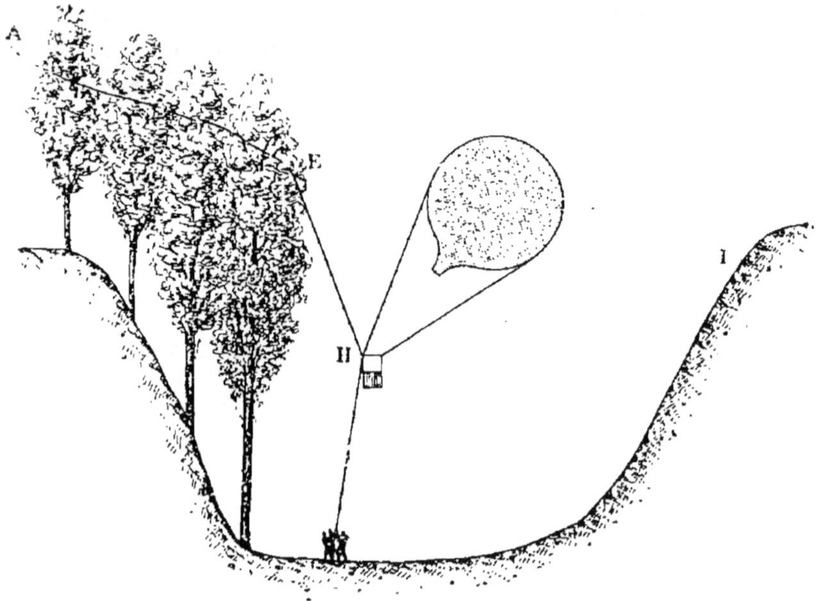

Fig. 52.

les oscillations le ballon descendait après s'être déplacé horizontalement, de sorte que la corde d'ancre prit la direction AE le ballon étant alors en F. C'est à ce moment que les habitants comprirent la manœuvre de la corde de secours et tirèrent fort bien de manière à ramener le ballon à terre. Mais la corde d'ancre était enchevêtrée dans les branches supérieures de l'arbre E, si bien que si l'on fait une coupe du terrain par le plan vertical contenant la corde d'ancre, on obtient la disposition représentée figure 52. La longueur de la corde d'ancre n'était pas suffisante pour que, partant du point A et se réfléchissant au point E, le ballon pût être amené à terre ; tout ce que purent faire les habitants fut de l'amener au point H, à 10 ou 15 mètres au-dessus de la prairie qui formait le fond du vallon. Il était, d'ailleurs, fort difficile de se faire comprendre d'eux ; et pendant ce temps nous étions abominablement secoués. Les habitants crurent bien faire d'amarrer la corde de secours à un arbre, mais cela n'améliora nullement la situation ; cette corde très tendue finit par se casser. Ce qui rendait notre situation critique, c'est que nous ne possédions aucun moyen de nous faire comprendre de nos aides de bonne volonté, et que je ne pouvais espérer aucun secours de mes deux compagnons de voyage, car au bout d'un certain temps de cette situation, ils avaient été pris d'une crise de mal de mer, et restituaient par-dessus le bord de la nacelle le déjeuner que nous avions pris deux heures auparavant, entre 2 et 3 000 mètres d'altitude.

Cette situation pénible dura de 20 à 30 minutes. Au bout de ce temps j'entendis un des habitants me crier une phrase dont je ne saisis que le dernier mot : « couper ». Il avait donc l'intention de couper quelque chose, et je ne savais pas quoi. Bientôt après je le sus, car je sentis que nous étions moins secoués et que nous nous déplacions vers l'avant de manière à traverser le vallon, et à venir heurter sa pente opposée dans le voisinage du point I ; je me retournai et j'aperçus un homme grimpé dans l'arbre A où il venait de couper la corde d'ancre qui nous maintenait captifs. Ce brave homme s'était rendu compte que c'était ce point d'attache qui nous empêchait d'arriver jusqu'à terre et il l'avait supprimé, pensant qu'il serait alors facile de nous ramener au sol par une autre corde. Mais il avait compté sans la violence du vent qui nous entraînait alors rapidement en avant avec une force que nos aides de bonne volonté n'auraient pas pu maîtriser. Toutefois ce mouvement était ralenti par l'enchevêtrement de la corde d'ancre, du guide-rope et du serpent à travers les branches d'arbre du petit bois. Nous restions donc en partie captifs, et en raison de notre faible force ascensionnelle et de la violence du vent nous étions très couchés. Néanmoins cette situation ne pouvait pas se prolonger.

Je me rendis compte qu'au bout de quelques secondes nous serions dégagés des arbres et rendus à la liberté, que nous allions remonter aux environs de 3 000 mètres, que nous n'avions plus de lest en quantité suffisante pour faire une bonne descente, que si nous laissions les choses aller nous mettrions une demi-heure pour remonter là haut et autant pour en redescendre, que le vent faisait 60 kilomètres à l'heure au minimum et qu'à 50 kilomètres en avant de nous se trouvait la baie de Bourgneuf entourée de marais, et au delà l'Océan Atlantique ; de plus, privés de notre ancre nous n'avions plus aucun organe d'arrêt. Il fallait donc, à tout prix, éviter de remonter. Je résolus immédiatement d'ouvrir la déchirure limitée et, sitôt arrivés au contact du sol, de pratiquer la déchirure totale ; mais je n'eus pas la peine de faire la première manœuvre ; grâce à l'enchevêtrement des cordages, le ballon s'éleva très lentement, de sorte que la nacelle vint en I toucher la pente ascendante du ravin. Dès que nous nous vîmes en contact, je déchirai le ballon dans toute sa longueur et l'arrêt fut immédiat.

Si j'ai cité cet exemple personnel, c'est surtout pour montrer avec quelle rapidité il faut dans certains cas se rendre compte d'une situation, et prendre les résolutions qu'elle commande. Je ne mis certainement pas plus d'une fraction de seconde à me rendre compte de toutes les circonstances que j'ai énumérées, et à en avoir la perception nette. C'est grâce à cela que je pus prendre sans retard la décision nécessaire et l'exécuter en temps utile. Le seul moyen d'arriver à ce résultat, c'est d'être bien pénétré des principes que nous avons exposés au cours de cette étude, de bien connaître les lois des mouvements verticaux des aérostats, de savoir toujours où l'on est, à quelle vitesse on marche, et quelle région s'étend en avant. Si j'avais dû réfléchir, l'atterrissage eût été beaucoup plus difficile et l'ascension aurait pu se terminer fort mal.

CHAPITRE XIII

Dégonflement et opérations finales.

Danger d'incendie. — C'est pendant le dégonflement qu'il est particulièrement dangereux de fumer ou de faire du feu aux abords d'un ballon. On devra dès le contact du sol en avertir à haute voix les habitants et le leur rappeler fréquemment.

Il faut éviter un départ intempestif de l'aérostat. — Quelle que soit la manière dont se termine une ascension, la nacelle finit toujours par se trouver sur le sol, avec les aéronautes à l'intérieur. Le ballon est alors ou totalement déchiré, ou partiellement dégonflé.

Dans ce dernier cas, il importe de ne pas oublier qu'il a encore de la force ascensionnelle, et qu'il faut veiller à ce qu'il ne reparte pas. Aussi faut-il admettre en principe qu'aucun voyageur ne doit quitter la nacelle sans l'ordre ou la permission de l'aéronaute-commandant. Tant qu'il reste de la force ascensionnelle, celui-ci a soin que le poids de chaque voyageur descendu soit remplacé par des sacs remplis de terre ou par des habitants.

Si l'ancre a mordu ou si le guide-rope est amarré, il ne faut pas détacher ces cordages tant que le ballon possède assez de force ascensionnelle pour s'élever. Si on a pu se faire arrêter par les habitants, c'est une bonne précaution que d'amarrer quelque part un cordage : guide-rope, corde d'ancre ou serpent, afin de prévenir tout départ intempestif.

Premières mesures à prendre. — La première chose à faire après l'atterrissage, c'est de se concilier la bienveillance des habitants par des paroles aimables ; on va en effet avoir besoin de leurs bons offices, grâce auxquels on peut s'éviter beaucoup de fatigues et d'ennuis. — Cela fait, l'aéronaute chargé du carnet de route, qui a dû préalablement noter l'heure de l'atterrissage, demande à ses compagnons la pression indiquée par le baromètre de chacun d'eux ; il consulte une dernière fois le thermomètre et inscrit le tout sur son carnet. C'est indispensable si on veut tracer son diagramme horaire, ce qui a bien son intérêt ; mais c'est surtout une preuve que les aéronautes n'ont pas perdu leur sang-froid, ni les habitudes de régularité et de calme dont un voyageur de l'air ne doit jamais se départir.

Répartition des fonctions. — Cela fait, l'aéronaute commandant partage la besogne entre les passagers et lui ; il est même préférable que cette répartition ait été faite à bord avant l'arrêt final, par exemple durant la marche au guide-rope.

Si l'on est trois, l'un sera chargé du dégonflement et du rangement du ballon lui-même, ainsi que du filet et des organes d'arrêt ; le deuxième sera chargé de la nacelle, de la suspension, et de tous les organes accessoires auxquels la nacelle sert généralement de malle. Les sacs de lest vides fournissent des emballages commodes pour les objets délicats. L'aéronaute chargé de ce soin pourra ranger aussi dans la nacelle les agrés qui lui sont envoyés par son compagnon : corde d'ancre, soupape, appendice, etc. Le troisième s'occupera de la partie non aérostatique des opérations : c'est un rôle que tout passager est à même de remplir.

Lorsqu'on est que deux, les fonctions du premier ne changent pas, et le second cumule les rôles attribués précédemment au deuxième et troisième. Si l'on est seul, on doit naturellement tout faire. Quand on est plus de trois, il y a surabondance de personnel, et les voyageurs en surnombre servent d'auxiliaires à l'un des trois premiers suivant les besoins.

Rôle du premier aéronaute. — Ces fonctions sont les plus délicates : ce sont aussi celles qui exigent le plus de connaissances techniques : elles doivent donc être réservées à un aéronaute expérimenté.

Si le ballon n'a pas été préalablement dégonflé, l'aéronaute ouvre l'orifice de dégonflement final, déclanchent ou déchirure limitée. Après s'être assuré que la nacelle est bien maintenue, le premier aéronaute met pied à terre, soit que le commandant charge la nacelle d'un poids équivalent au sien, soit qu'il préfère attendre que le dégonflement soit suffisamment avancé pour qu'on puisse délester la nacelle sans inconvénient. Si l'atterrissage a eu lieu au-dessus d'un terrain pierreux ou recouvert de cultures dangereuses pour le ballon telles que des vignes, on fera s'il est possible transporter l'aérostat à quelque distance, afin de se trouver sur un terrain favorable au dégonflement. Cette opération peut être exécutée par les habitants sans que les aéronautes aient quitté la nacelle, ou après que le premier d'entre eux a mis pied à terre.

L'aéronaute étant parvenu à l'emplacement définitif du dégonflement prend quelques habitants de bonne volonté et les invite à maintenir le filet de manière que la soupape soit toujours à la partie supérieure, et en même temps à écarter le ballon pour qu'il ne reste pas au-dessus de la nacelle, et qu'en s'affaissant il ne recouvre pas celle-ci. Lorsque la force ascensionnelle a suffisamment diminué, et si l'on dispose d'un nombre d'aides suffisant, on peut sans inconvénient détacher la nacelle de la suspension, mais en maintenant le cercle de la suspension, attaché au filet de façon que le ballon reste toujours enfermé dans un réseau de cordage. Cette opération ne présente aucun risque quand on a pris la précaution d'amarrer la corde d'ancre ou le guide-rope. Dans le cas contraire, il vaut mieux laisser quelque temps encore la nacelle reliée au filet.

Quoi qu'il en soit, on ne doit séparer le cercle de suspension du bas du filet, que lorsque le ballon n'a plus de force ascensionnelle et pose à terre. A ce moment, on a dû s'arranger pour qu'il ne gêne pas la nacelle, et on achève le dégonflement. A cet effet, le mieux est de répartir les aides autour du ballon, et de les faire appuyer sur le filet, de façon qu'ils maintiennent la soupape dans la région centrale et à la partie supérieure du volume occupé par le gaz restant. Mais il vient un moment où cela est impossible, parce que le poids de la soupape n'est plus équilibré par une pression intérieure suffisante ; ce poids a pour effet de creuser dans la partie supérieure de la calotte du ballon une dépression, si bien que l'orifice de la soupape ne se trouve plus à la partie haute du volume restant, ce qui arrêterait forcément le dégonflement.

A ce moment, le premier aéronaute fait amener la soupape à sa portée et l'enlève. Il la confie à un aide avec mission de la porter au deuxième aéronaute resté dans la nacelle ou aux abords de celle-ci. Il procède de même pour tous les agrés qu'il détache, en ayant soin d'avertir chaque fois à haute voix son compagnon qu'il lui envoie tel ou tel objet ; c'est le seul moyen d'éviter des disparitions.

La soupape enlevée, on place deux ou quatre aides près de l'orifice qu'on les invite à saisir des deux mains. On fait ensuite dégager l'appendice ; s'il est muni d'une partie mobile on l'enlève et on la fait porter à la nacelle. On y place quelques hommes, comme à la soupape, et on leur fait saisir les bords de l'orifice.

Après quoi, on fait éloigner les deux groupes de manière à allonger le ballon de toute sa longueur, les orifices ouverts étant à chaque extrémité : il se présente ainsi sous la forme d'un saucisson irrégulier. Faisant maintenir les deux orifices bien ouverts à environ 1 mètre au-dessus du sol, on répartit les autres aides que l'on peut avoir en deux groupes égaux, l'un à droite, l'autre à gauche du ballon, et on les invite à appuyer de la main sur celui-ci pour forcer le gaz à s'échapper par les deux orifices. Quand ils appuient ainsi les mains, le ballon cède ; mais le gaz ne fait souvent que se transporter d'un point à un autre sans aller jusqu'aux orifices ; lorsqu'ils relèvent la main, le gaz revient à sa place primitive, et si l'on n'y prend garde, les habitants ont une tendance à lever et à baisser les mains alternativement, ce qui

donne au ballon un mouvement de soufflet dont
l'effet est généralement d'amuser beaucoup les auxiliaires, mais qui pourrait durer indéfiniment sans que
le ballon se dégonfle. Il faut donc veiller à ce que
l'on appuie d'une façon continue, de manière à forcer le gaz à gagner les extrémités ouvertes. Au bout
d'un certain temps, on peut allonger davantage le
ballon en faisant tirer par les aides placés aux deux
orifices ; le saucisson devient plus étroit et plus long
et prend un aspect plus gonflé. On continue à éva-

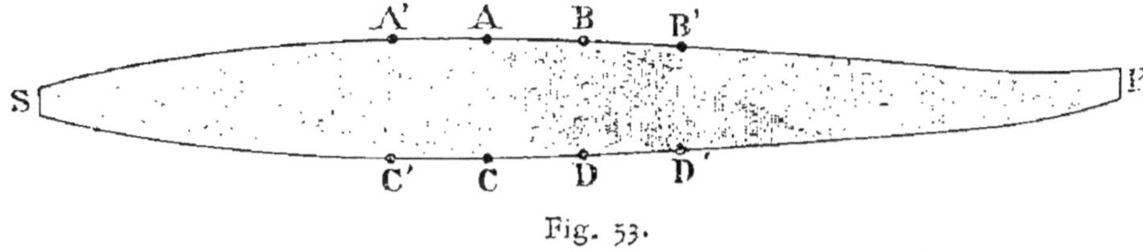

Fig. 53.

cuer le gaz comme précédemment ; mais pour mieux
y réussir il faut procéder méthodiquement. A cet effet on place quatre hommes, deux d'un côté en
AB (fig. 53) et deux de l'autre côté en CD, et on les
fait appuyer sur l'étoffe jusqu'à ce qu'on obtienne
dans la région AB CD un aplatissement complet.
Puis les deux hommes placés en AC se portent en
A'C', du côté de la soupape S, tandis que les deux
autres se portent en B'D' du côté de l'appendice P,
et ils opèrent de même en ayant soin que le gaz ne
revienne pas dans la partie médiane. On obtient donc
un vide dans la partie A'B'D'C', et en opérant ainsi
de proche en proche on arrive à faire sortir le gaz
complètement par les deux extrémités.

Alors on peut procéder de deux manières, soit en
séparant le filet du ballon, soit en le laissant autour
de celui-ci. Je préfère le second procédé, qui rend

l'opération moins longue ; d'ailleurs, en opérant avec quelque précipitation la séparation du ballon et du filet, on risque de déchirer le premier ; il est plus sûr de faire cette opération tranquillement après le retour.

On plie ensuite le ballon en deux, en ramenant l'une des extrémités, celle de la soupape S, par exemple, par dessus l'appendice. Il se présente alors suivant la forme indiquée figure 54, les deux orifices se trouvant du même côté en PS et le pli se trouvant à l'autre extrémité en AB. On frappe alors à plat.

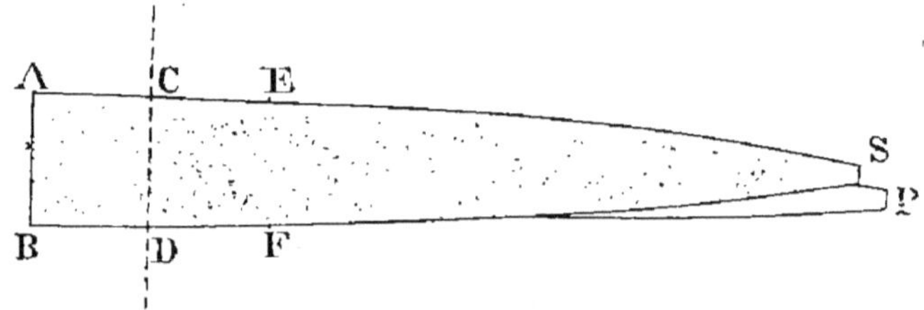

Fig. 54.

avec les mains dans le voisinage de AB jusqu'en EF, de manière à expulser le gaz qui peut rester dans cette région. On plie alors le ballon sur lui-même suivant CD, et on continue ainsi de proche en proche de manière à lui donner la forme d'un paquet de petite dimension. Il faut avoir bien soin avant de faire un nouveau pli, d'aplatir la région sur laquelle va porter la partie déjà formée du paquet, de manière à enfermer aussi peu de gaz que possible, et à forcer les dernières quantités restantes à sortir par les deux orifices. Il ne reste plus qu'à envelopper le ballon dans une bache pour en faire le paquet n° 1.

L'opération que nous venons de décrire est la plus délicate, étant donné qu'on ne dispose que d'aides inexpérimentés. Pendant qu'on y procède, l'aéronaute peut faire dégager l'ancre s'il y a lieu, lover la corde d'ancre, le guide-rope et les autres cordages, en couronnes de dimensions telles qu'on puisse les introduire dans la nacelle.

Si tôt qu'un de ces paquets est terminé on le fait porter au deuxième aéronaute. L'ancre est ramenée nue, et constitue à elle seule pour le retour le colis nº 2.

Le colis nº 3 sera constitué par la nacelle et tout son contenu.

Rôle du deuxième aéronaute. — Le deuxième aéronaute est chargé de ranger tous les objets dans la nacelle et de fermer celle-ci, qui formera pour le retour le colis nº 3. Il est bon, évidemment, que cet aéronaute ait une certaine connaissance du matériel, mais tout homme intelligent et soigneux peut remplir convenablement ces fonctions.

Pour éviter les soustractions d'objets, cet aéronaute ne doit pas quitter la nacelle; suivant que cela lui est plus ou moins commode, il peut rester à l'intérieur de la nacelle ou en sortir, à la condition, naturellement, d'être bien sûr que la nacelle ne risque plus de s'élever.

Parmi les objets qu'il a à ranger, les uns sont dans la nacelle au moment de l'atterrissage, et il peut s'en occuper dès le début, les autres lui sont envoyés par le premier aéronaute. Il convient de remarquer que les objets les plus lourds et les plus grossiers, guide-rope, corde d'ancre, etc., doivent être placés au fond de la nacelle, et que les objets plus délicats, tels que la soupape, doivent être posés par dessus ces cordages.

Quant aux objets particulièrement fragiles, il est

bon de les envelopper soit dans des sacs de lest, soit de toute autre manière, et d'éviter qu'ils puissent recevoir des chocs de corps lourds et rigides. Il est préférable que les aéronautes rapportent avec eux les instruments délicats et de petite dimension, tels que baromètres, couteaux, statoscopes. Ils doivent également ment prendre sur eux leur livre de bord. Afin d'éviter d'égarer ou d'oublier du matériel, il est prudent de s'être muni avant le départ d'une liste complète de tous les objets enlevés et de s'assurer de leur présence à l'atterrissage.

Dès que l'atterrissage est définitif, le deuxième aéronaute doit inscrire au livre de bord les circonstances dans lesquelles il s'est produit ; s'il ne les connaissait pas exactement, il prendrait dès qu'il le pourrait des renseignements de ses compagnons de voyage.

Tout le matériel étant placé dans la nacelle, on la recouvre d'une bâche que l'on ficelle. On constitue ainsi le colis n° 3.

Rôle du troisième aéronaute. — Cet aéronaute ne s'occupe nullement du rangement du matériel aérostatique, mais uniquement des dispositions à prendre pour le retour.

Si l'on doit envoyer un télégramme pour annoncer l'arrivée, la première chose à faire est de l'inscrire sur une feuille de papier et de le faire porter par un habitant de bonne volonté. On peut compter dans la pratique, qu'il s'écoule environ deux heures entre le moment où la nacelle touche le sol et celui où la dépêche est remise au bureau expéditeur, et deux autres heures entre ce moment et la remise au destinataire. C'est donc quatre heures qui s'écoulent entre l'atterrissage et l'annonce de celui-ci aux personnes intéressées ; mais c'est à la condition qu'on ne perde pas une minute avant de rédiger et d'envoyer la dépêche.

Après quoi, il faut songer immédiatement à se procurer une voiture pour ramener le matériel, et au besoin les aéronautes, à la gare la plus proche. Dans beaucoup de pays, les charrettes sont de dimensions trop petites pour qu'on puisse y poser la nacelle à plat ; il faut s'inquiéter de ces dimensions et s'assurer que le transport sera possible. On trouve toujours, en général, le moyen de transporter les aéronautes ; ils peuvent d'ailleurs gagner la gare à pied. Le transport du matériel présente généralement plus de difficulté. L'expérience apprend qu'on doit compter en moyenne une heure entre le moment où l'on a commandé une voiture, et celui où elle se trouve sur le terrain de l'atterrissage ; comme il ne faut pas une heure pour ranger le matériel, on a presque toujours à attendre la voiture, aussi ne faut-il pas perdre un instant avant de donner ses ordres.

Il est prudent de s'entendre d'avance sur le prix avec le propriétaire ou le voiturier.

Le troisième aéronaute doit aussi consulter l'indicateur des chemins de fer pour choisir l'heure du retour ; il s'entend, naturellement, avec ses compagnons de route. Il faut tenir compte de la lenteur des transports entre le lieu d'atterrissage et la gare, et du temps nécessaire pour la réexpédition du matériel qui souvent présente des difficultés dans les petites gares.

Indemnités en cas de dégats. — Il arrive souvent que les habitants demandent des indemnités pour les dégats causés durant les atterrissages. S'il s'agit de dégats aux propriétés bâties, l'évaluation en est assez difficile, et peut varier dans de telles limites qu'on ne saurait donner ici des indications précises à ce sujet. Le mieux, si l'on ne peut s'entendre sur le prix, est de laisser son adresse, et d'inviter le réclamant à envoyer ultérieurement la facture des réparations.

Pour les terres cultivées, le tableau n° II placé à la fin du volume donne des indications suivant la nature des cultures. Les chiffres indiqués représentent la valeur moyenne en France de la perte causée à l'exploitant par la destruction complète de la récolte sur une superficie d'un are.

Lorsqu'il s'agit de déterminer une indemnité de ce genre, les propriétaires ou les fermiers font en général une évaluation aussi peu précise que possible, et de nature à leur rapporter une forte somme ; il n'est pas rare de les entendre discuter indéfiniment avec les autres habitants présents sur la quantité de gerbes de blé ou de bottes de foin qui seront perdues par suite de l'atterrissage. L'aéronaute ne peut pas connaître le prix de chaque botte ou de chaque gerbe, ni, par conséquent, contrôler les évaluations faites. Presque toujours, d'ailleurs, celles-ci dépassent de beaucoup celles qui résultent du tableau n° II. Or il faut se dire que ces dernières supposent les récoltes complètement perdues, tandis que la plupart du temps, elles sont simplement diminuées, souvent dans une proportion extrêmement faible. C'est ainsi que je me suis entendu réclamer des sommes énormes pour le blé détruit pendant plusieurs kilomètres de longueur par le passage du guide-rope : or le guide-rope ne fait, généralement, que déranger un peu les épis qui reprennent rapidement leur place, et s'il en détruit quelques-uns c'est sur une largeur qui serait au grand maximum de 10 centimètres : sur 10 mètres de long cela fait donc un mètre carré, et il faut 1 kilomètre de guide-ropage pour un are. Au tarif du tableau, on voit que l'indemnité par kilomètre de guide-ropage serait de 4 fr. 50, et comme elle serait en général répartie sur un nombre considérable de propriétaires, le dégat fait à chacun d'eux est insignifiant.

L'aéronaute est évidemment responsable des dégats faits au lieu même de l'atterrissage, qui intéressent la plupart du temps un seul ou un très petit nombre de propriétaires. D'habitude, la plus grande partie des dégats sont faits par le piétinement des curieux qui viennent assister au dégonflement ; si on n'avait que les aides strictement nécessaires, la surface détériorée se réduirait à un ou deux ares; mais dans la pratique, il est à peu près impossible de s'opposer à l'envahissement des curieux, et il faut se résigner à payer l'indemnité pour toute la surface dégradée.

Quoi qu'il en soit, en l'établissant conformément au tableau n° 11, c'est-à-dire en admettant la récolte comme complètement détruite, on fait une hypothèse très favorable à l'intéressé ; on doit considérer, par conséquent, les chiffres du tableau comme représentant le maximum de la valeur du préjudice réellement causé. Et si, à titre de dommages et intérêts pour avoir occupé un terrain sans permission, on double les chiffres du tableau, on peut conclure qu'on donne le maximum de ce qu'il est raisonnable de payer. Nous conseillerons donc de suivre les règles pratiques que voici :

Ne pas offrir spontanément d'indemnités, et attendre qu'on les réclame. — Ne pas discuter l'évaluation des dégats faits par les habitants, mais exiger d'eux qu'ils formulent un chiffre de réclamation. — Si ce chiffre est inférieur au double de ce qui serait dû d'après le tableau nº II, payer immédiatement l'indemnité sans discuter, après s'être bien assuré qu'on paye entre les mains de l'ayant droit. — Si le chiffre demandé est supérieur au double du chiffre de tarif, offrir une somme égale à ce tarif doublé, en avertissant l'intéressé, que s'il accepte on le paiera séance tenante, et que s'il n'accepte pas, l'aéronaute ne lui versera aucune indemnité, mais qu'il lui laissera son adresse, et que l'habitant sera libre d'attaquer l'aéronaute devant les tribunaux. 99 fois sur 100, l'offre ainsi faite sera acceptée : la certitude de toucher une somme immédiatement, l'avantage d'éviter les ennuis et les frais d'un procès, et aussi la conviction d'être largement indemnisé, seront pour l'ayant droit des motifs déterminants.

Si j'insiste sur cette question pratique, c'est qu'à l'heure actuelle la navigation aérienne se développe, et qu'il est question de la réglementer ; il y a donc, à mon avis, un intérêt réel à rendre les aéronautes sympathiques aux populations ; il faut les indemniser justement. largement même, des dégats causés aux propriétés. Ces indemnités, d'ailleurs, entrent généralement pour une faible part dans les frais d'une ascension libre. Mais il ne faut pas se laisser exploiter au delà des limites raisonnables, ni laisser croire aux populations que les gens qui leur arrivent des hauteurs de l'atmosphère sont taillables et corvéables à merci.

CONCLUSION

Nous ne voulons pas terminer ce volume par ces considérations terre à terre.

Quelques lecteurs pourront trouver qu'une étude aussi détaillée d'un semblable sujet vient un peu tard. Le vieux ballon libre ne va-t-il pas disparaître devant les progrès rapides et les retentissants exploits des dirigeables et des aéroplanes ?

Telle n'est pas ma conviction. Les ascensions libres procurent au voyageur de l'air, des sensations peu communes et, en général, des plus agréables. Les spectacles dont on y jouit sont souvent incomparables ; mais ce qui y ajoute un charme particulier, c'est le calme absolu au sein duquel on est plongé, c'est le sentiment d'un isolement plus complet qu'on ne peut l'éprouver nulle part ailleurs : on sait qu'on est séparé par plusieurs kilomètres de tout point habitable, et cela non seulement en longueur en largeur, mais aussi dans le sens de la hauteur ! Cet isolement prédispose à des réflexions quelquefois sérieuses, mais toujours douces et apaisantes.

L'incertitude même du but du voyage, l'idée de partir sans savoir où l'on aboutira sont un charme de plus en ascension libre.

Ajoutons qu'au point de vue éducatif, ces ascensions ont une efficacité sans pareille et très spéciale. Pour les futurs navigateurs aériens, c'est le seul moyen de se trouver dans l'atmosphère aussi à son aise que chez soi.

Je pense donc que les ascensions libres devront tenir une bonne place dans le programme de formation des pilotes de dirigeables et d'aéroplanes : on pourrait citer plusieurs accidents de dirigeables qui auraient été évités si l'équipage du navire aérien avait eu l'expérience des ascensions libres. L'absence de cette préparation est certainement la cause des tâtonnements, des hésitations des aviateurs contemporains et, en particulier, de leur répugnance à s'éloigner du sol (1).

Qu'on envisage donc la navigation aérienne sous tous ses aspects, la pratique des ascensions libres sera toujours utile pour l'instruction des futurs voyageurs de l'atmosphère. C'est l'avis de beaucoup de personnes compétentes, et c'était aussi celui du colonel Renard, qui fut un aéronaute de premier ordre, et qui possédait un sens incomparable de toutes les questions relatives à la navigation aérienne.

Si l'on se rappelle ce qui a été dit dans le cours de cet ouvrage, le rôle de l'aéronaute commandant peut pendant de longues heures, paraître à peu près passif ; mais à d'autres moments, il faut qu'il sache prendre instantanément des décisions importantes, que ces décisions soient toujours motivées, et qu'une fois prises, elles soient exécutées avec vigueur et rapidité : ce sont là si je ne me trompe, des conditions

(1) Cette répugnance tend heureusement à disparaître.
(Note de l'auteur, décembre 1909.)

de premier ordre pour faire l'éducation de la plus importante faculté de l'homme, la volonté.

Il y aura certainement toujours des adeptes fervents de ces voyages aériens qui nous paraissent aujourd'hui un peu primitifs, qui ont fait à la fin du xviiie siècle l'admiration de nos pères, et qui de nos jours sont une source de jouissance pour leurs habitués dont le nombre va toujours croissant et ne décroîtra probablement pas de sitôt.

FIN

TABLEAU I

Forces descendantes correspondantes à diverses vitesses de chute

FORCE DESCENDANTE POUR DES BALLONS DE :

VITESSES	600 m. c.	900 m. c.	1000 m. c.	1200 m. c.	1600 m. c.	2200 m. c.	3000 m. c.	4000 m. c.
0,00	0,0	0,0	0,0	0,0	0,0	0,0	0,0	0,0
0,50	0,7	0,9	1,0	1,1	1,3	1,6	2,0	2,4
1,00	2,7	3,6	3,8	4,3	5,3	6,5	8,0	9,7
1,50	6,2	8,1	8,7	9,7	11,8	14,6	18,0	21,8
2,00	10,9	14,4	15,4	17,4	21,1	26,0	32,0	38,8
3,00	24,6	32,3	51,6	39,0	47,4	58,5	72,0	87,2
4,00	43,8	57,4	61,6	69,4	84,2	104,1	128,0	155,1
5,00	68,4	89,7	96,2	109,6	131,8	162,6	200,0	242,3
7,00	135,2	175,8	188,6	212,7	257,9	318,7	392,0	474,9
10,00	273,8	358,8	385,0	434,3	526,3	650,4	800,0	969,2

—

Indemnités d'atterrissage

Destruction complète

maximum par are
(10 m × 10 m)

Blé	4 fr. 50
Seigle	2 75
Orge	3
Avoine	2 80
Foin	1 50
Luzerne	2 60
Colza	3
Navette	2
Sarrazin	2
Maïs	2 30
Sainfoin	1 75
Trèfle	1 80
Fourrages verts annuels (maïs et seigle en vert, etc)	2 30
Prairies artificielles	1 50
Pommes de terre	5
Pois	4 50
Choux, asperges	20 fr. à 30 fr.
Choux et betteraves (fourrages)	9

Foulées aux pieds

Pommes de terre	2
Betteraves	4 50
Terres labourées	Néant.

TABLE DES MATIÈRES

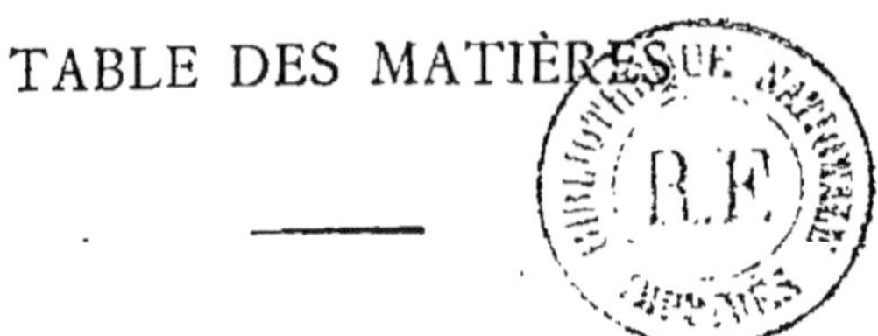

SAINT-AMAND (CHER). — IMPRIMERIE BUSSIÈRE.

Memento

de

l'Aéronaute-Pilote

Adresses utiles

Revue technique et pratique
DES LOCOMOTIONS AÉRIENNES
Publication bi-mensuelle illustrée paraissant le 1er et le 15 de chaque mois
Fondée en 1893
Publie le *Bulletin officiel de l'Aéro-Club de France*
DIRECTEUR FONDATEUR : Georges BESANÇON

Son programme, parfaitement rempli tient en trois mots :
Les Faits, les Documents, les Chiffres

POUR S'ABONNER
France et Algérie : Un An, **15** francs ; *Colonies et Etranger* : Un An, **18** franc-
S'adresser à l'*Administration*, 35, rue François Ier, PARIS
et dans tous les Bureaux de poste. — (206e liste, 16 août 1909).
Le numéro : **75 centimes**

Rédaction et Administration :
35, rue François Ier, PARIS -:- Téléphone : 666-21

PELTRET ET LAFAGE
Constructeurs
4, rue des Rigoles
PARIS (10e)

Baromètre à index maxima

remplaçant avantageu-
sement !

le

*Baromètre enre-
gistreur*

Envoi franco
de la
Notice explicative

*Approbation
de Hubert LATHAM*

Cet instrument lui a
donné toute satisfaction

E. HÜE

63, Rue des Archives

— PARIS —

Londres 1908
MÉDAILLES D'OR

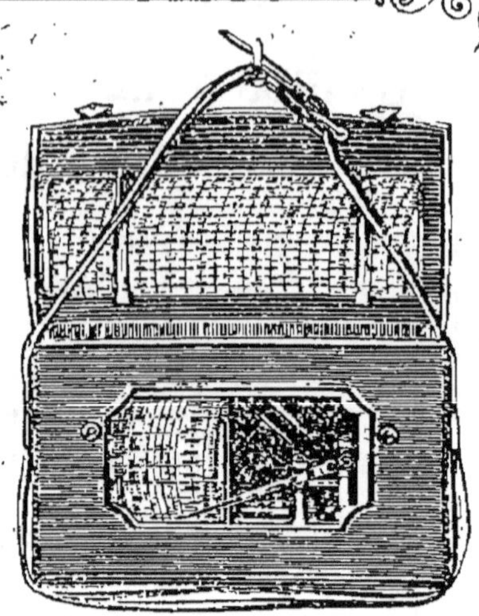

Altimètre-Enregistreur, Aluminium

BAROMÈTRES

INSTRUMENTS DE PRÉCISION

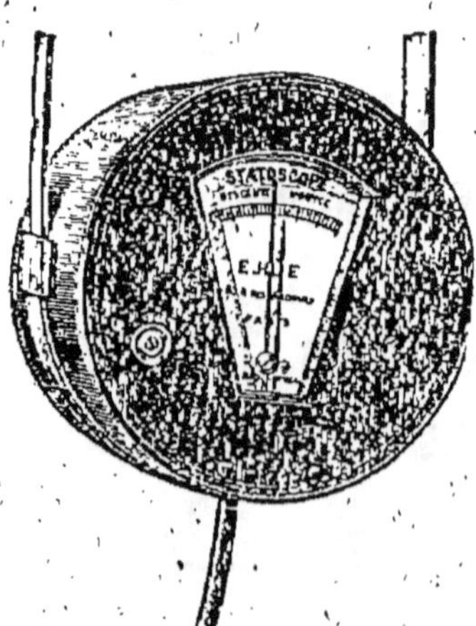

— *Statoscope* —

BAROMÈTRES

Anéroïdes, Altimétriques
Trousses, Boussoles
et
Statoscopes
pour Aéronautes, Aviateurs
et Alpinistes

MONTRE-BAROMÈTRE
Breveté S. G. D. G.

Enregistreurs, Baromètres
Thermomètres
Hygromètres

PRIX MODÉRÉS

Fabrication garantie